T0153743

Berliner Arbeiten zur Erziehungs- und Kulturwissenschaft

Band 28

Herausgegeben von Christoph Wulf
Freie Universität Berlin
Fachbereich Erziehungswissenschaft und
Psychologie
Redaktion: Ruprecht Mattig

Gerald Blaschke

Interkulturelle Erziehung in der frühen Kindheit

Grundlagen – Konzepte – Qualität

Logos Verlag, Berlin 2006

Bibliografische Information Der Deutschen Bibliothek

Die Deutsche Bibliothek verzeichnet diese Publikation in der Deutschen Nationalbibliografie; detaillierte bibliografische Daten sind im Internet über http://dnb.ddb.de abrufbar.

Umschlaggestaltung: Lothar Detges, Krefeld

©Copyright Logos Verlag Berlin 2006, 2013

Zweite Auflage, 2013
Alle Rechte vorbehalten.

3-8325-1265-9

Logos Verlag Berlin
Comeniushof, Gubener Str. 47,
10243 Berlin
Tel.: +49 030 42 85 10 90
Fax: +49 030 42 85 10 92
INTERNET: http://www.logos-verlag.de

INHALT

TEIL B

TEIL C

Danksagung und Widmung:

Gedankt sei zunächst Frau Dr. Susanne Viernickel für ihre Betreuung dieser Arbeit. Sie gab mir den Mut, meinen eingeschlagenen Weg fortzusetzen ohne ihn fortwährend in Frage zu stellen. Weiterhin möchte ich ihr sehr dafür danken, mir den Auftrag übertragen zu haben, den in dieser Arbeit behandelten Qualitätsbereich 'Interkulturelles Lernen' des 'Nationalen Kriterienkatalogs für pädagogische Qualität in Tageseinrichtungen für Kinder' für dessen voraussichtlich im Sommer 2006 erscheinende Neuauflage zu überarbeiten. Dass der vorliegenden Arbeit einmal eine solche Bedeutung zukommen könnte, hatte ich bei deren Schreiben nicht zu hoffen gewagt.

Ebenso danken möchte ich Beate Vomhof und Benjamin Klages. Sie lasen fleißig und gewissenhaft Korrektur und ihre sozialwissenschaftlich versierten Hinweise trugen dazu bei, dieser Arbeit zu ihrem jetzigen Stand zu verhelfen.

Zu Dank verpflichtet bin ich ebenfalls Herrn Prof. Wulf und Ruprecht Mattig, dass sie mir die Gelegenheit zu dieser Veröffentlichung eröffneten.

Zu guter Letzt möchte ich besonders meiner ehemaligen, langjährigen Freundin Noémie Kaufman danken, der ich dieses Buch widme. Unserem gemeinsamen Lebensweg verdanke ich – neben vielem anderem – mein Interesse für interkulturelle Frage- und Themenstellungen. Zudem veranlasste sie mich mit ihren kritischen und geistreichen Anmerkungen zu dieser Arbeit dazu, mancherlei Gedanken zu verwerfen oder präziser zu formulieren.

Berlin, April 2006   Gerald Blaschke

1. Einleitung

„Die Pisa-Studie ist so etwas wie ein
zweiter Sputnik-Schock zu Beginn des 21.
Jahrhunderts" (Niedersachsens
Ministerpräsident Sigmar Gabriel auf dem
Bildungsparteitag der SPD am 02.03.2002).

„Die multikulturelle Gesellschaft ist einfach
da. Nun kommt es darauf an, wie wir sie
haben wollen: als Schlachtfeld oder als
halbwegs erträgliche Lebensform"
(Leggewie, 1993).

Um dieses – von Leggewie prognostizierte und nun scheinbar bereits in vielen Schulen auftretende (vgl. der Spiegel, Nr. 14/2006) – Schlachtfeld abzuwenden, wird sich von Seiten der pädagogischen Fachwelt in den letzten Jahrzehnten zunehmend auf das Themenfeld des interkulturellen Lernens in deutschen Bildungseinrichtungen konzentriert. Ausgangspunkt war hierfür die Mitte der 50er Jahre einsetzende Arbeitsmigration nach Deutschland und die daraus entstehenden Anforderungen für die deutschen Bildungseinrichtungen.

Ebenso steht seit einigen Jahren – nicht erst seit dem Pisa-Schock, aber er hat wesentlich dazu beigetragen – die pädagogische Qualität im System der deutschen Kindertagesbetreuung im Zentrum intensiver Diskussionen. Initiatoren und Einflussfaktoren dieser Qualitätsdebatte waren dabei einerseits fachliche Entwicklungen seit Beginn der 70er Jahre, andererseits gesellschaftliche Veränderungen.

In dieser Arbeit soll es darum gehen, diese beiden Themenkomplexe miteinander zu verbinden. Konkret soll der Frage nachgegangen werden, was pädagogisch hochwertige Qualität im Themenfeld des interkulturellen Lernens in Tageseinrichtungen für Kinder von 0-6 Jahren darstellt.

Eine wesentliche Komponente zur Beantwortung dieser Ausgangsfrage ist die kritische Betrachtung des Qualitätsbereich 'Interkulturelles Lernen' im 'Nationalen Kriterienkatalog' für pädagogische Qualität in Tageseinrichtungen für Kinder von 0-6 Jahren, der von Teilprojekten I und II der 'Nationalen Qualitätsinitiative im System der Tageseinrichtungen für Kinder', kurz NQI, entwickelt wurde.

Diese Qualitätsinitiative wurde im Rahmen der Qualitätsdebatte vom Bundesministerium für Familie, Senioren, Frauen und Jugend (BMFSFJ) im Januar 2000 begründet, um den Kindertageseinrichtungen ein profundes Instrument zur Sicherung und Entwicklung ihrer pädagogischen Qualität zur Verfügung zu stellen. An dieser Initiative beteiligen sich 10 Bundesländer sowie viele kommunale und freie Träger. Die wissenschaftliche Grundlage gewährleisten vier beteiligte Forschungsinstitute, die sich mit fünf Teilprojekten befassen, welche jeweils einen anderen thematischen Schwerpunkt der Initiative darstellen. Die ersten beiden Teilprojekte, die Teilprojekte I und II dieser Initiative, beziehen sich hierbei auf die pädagogische Qualität in Tageseinrichtungen für Kinder von 0-6 Jahren. Verantwortlich für sie ist das Forschungsinstitut Pädquis gGmbH (Kooperationsinstitut der Freien Universität Berlin).

Der Qualitätsbereich 'Interkulturelles Lernen' ist einer der 20 Qualitätsbereiche des in diesem Rahmen erstellten 'Qualitätskriterienkatalogs' (QKK) dieser Teilprojekte, dessen erste Auflage unter dem Titel 'Pädagogische Qualität in Tageseinrichtungen für Kinder – ein Nationaler Kriterienkatalog' (Tietze; Viernickel, 2002) im Oktober 2002 erschien. Ziel der Entwicklung dieses Katalogs war die Bereitstellung eines auf einem breiten Fachkonsens beruhenden Kanons von Qualitätskriterien für die institutionelle Arbeit mit Kindern von 0-6 Jahren, mit Spielraum für die vielen im Feld der deutschen Kindertagesbetreuung existierenden pädagogischen Konzepte.

Besondere Aufmerksamkeit soll dem Qualitätsbereich 'Interkulturelles Lernen' dieses Katalogs gewidmet werden, da die Alltagserfahrung in Deutschland zunehmend durch das Leben "zwischen" verschiedenen Kulturen geprägt ist und es daher zu den Aufgaben einer Kindertageseinrichtung gehört, angemessen mit multikulturellen Gruppenzusammensetzungen umzugehen. Zudem müssen sich diese Einrichtungen der Anforderung stellen, die Mehrheits- sowie Minderheitenkinder auf ein konfliktfreies, gleichberechtigtes und für alle Seiten erfolgreiches Zusammenleben in einer dauerhaft multikulturellen Gesellschaft vorzubereiten.

Daher soll in dieser Arbeit kritisch beleuchtet werden, welche pädagogischen Konsequenzen aus dieser multikulturellen Situation Deutschlands für die institutionelle Tagesbetreuung von Kindern von 0-6 Jahren im Sinne des 'Nationalen Kriterienkatalogs' der Teilprojekte I und II der NQI gezogen werden sollten.

Hierfür wurde die Arbeit in 3 Hauptteile gegliedert:

In Teil A soll zunächst auf die NQI eingegangen werden. Es werden die Initiative an sich, ihre Teilprojekte I und II sowie deren Qualitätskriterienkatalog vorgestellt, um den Rahmen, in dem der Qualitätsbereich 'Interkulturelles Lernen' erstellt wurde, bereitzustellen.

Der folgende Teil B beschäftigt sich mit dem Themenfeld des interkulturellen Lernens. Hier wird zunächst die Frage nach der Notwendigkeit interkulturellen Lernens geklärt, indem einige gesellschaftliche Entwicklungen, wie die Migration nach Deutschland in den letzten Jahrzehnten oder die Entwicklung der Anzahl rechtsextremer Straftaten, geschildert werden.

Darauf folgt die Klärung einiger Prämissen und Grundbegriffe dieser Arbeit. Hierbei wird der Kulturbegriff definiert und ein darauf basierendes Verständnis von interkultureller Identität und interkulturellem Lernen erarbeitet.

Im Anschluss werden, um einen Überblick über die Zielstellungen interkulturellen Lernens in der Fachliteratur zu geben, die '10 Ziele Interkultureller Erziehung und Bildung' nach Nieke beschrieben. Diese eignen sich für solch eine Übersicht besonders, da sie eine Zusammenführung, Konkretisierung und Systematisierung dieser Zielstellungen darstellen.

Schließlich soll in diesem B-Teil auf interkulturelles Lernen in Tageseinrichtungen für Kinder von 0-6 Jahren eingegangen werden. Es wird geklärt, warum bereits in diesem Alter mit interkulturellem Lernen begonnen werden sollte und zwei Konzepte interkulturellen Lernens für Kinder von 0-6 Jahren anhand von drei Projekten beschrieben: Das Konzept des 'Globalen Lernens' anhand des Projekts 'Kinder entdecken die Eine Welt' der Regionalen Arbeitsstelle für Ausländerfragen, Jugendarbeit und Schule Potsdam (RAA-Potsdam) und die 'vorurteilsbewusste Pädagogik' anhand der Projekte 'Kinderwelten' und 'fair-Bindungen' der INA gGmbH/ Insitut für den Situationsansatz ISTA an der Freien Universität Berlin.

Der letzte Hauptteil, der Teil C dieser Arbeit, widmet sich der Analyse des Qualitätsbereichs 'Interkulturelles Lernen'. Zunächst werden darin, um die möglichen Stärken und Schwächen des Qualitätsbereichs zu analysieren, die Leitgesichtspunkte des Qualitätsbereichs beschrieben und hinsichtlich der in dieser Arbeit gezogenen Schlüsse zu interkulturellem Lernen überprüft.

Um jedoch die pädagogische Qualität im Themenfeld des interkulturellen Lernens in Tageseinrichtungen für Kinder von 0-6 Jahren weiter entwickeln zu können, reicht solch eine Stärken- und Schwächenanalyse nicht aus. Daher sollen daraufhin einige Anregungen gegeben werden, wie die wahrgenommenen Schwachpunkte des Qualitätsbereichs verbessert werden könnten.

Um den C-Teil zusammenfassend abzuschließen, werden in Folge stichpunktartig einige Prinzipien dargestellt, wie pädagogisch hochwertige Qualität im Themenfeld des interkulturellen Lernens aussehen kann.

Hierauf folgt das abschließende Fazit, in dem die in dieser Arbeit gewonnenen Erkenntnisse kurz zusammengefasst dargestellt werden.

DIE NATIONALE QUALITÄTSINITIATIVE

2. Die Nationale Qualitätsinitiative

Vom Bundesministerium für Familie, Senioren, Frauen und Jugend (BMFSFJ) wurde im Januar 2000 die 'Nationale Qualitätsinitiative im System der Tageseinrichtungen für Kinder', kurz NQI, gestartet. Aus der Absicht heraus, die Qualität deutscher Kindertageseinrichtungen kontinuierlich zu verbessern, war Ziel dieser Initiative, als Fundament für die angestrebte Verbesserung, ein bisher nicht vorliegendes „umfassendes Instrumentarium zur Feststellung der Qualität, ihrer Sicherung und Weiterentwicklung" (BMFSFJ, 2002, S. 3) auszuarbeiten und allen Einrichtungen und Trägern der institutionellen Kindertagesbetreuung zur Verfügung zu stellen.

Als Impuls für die Qualitätsinitiative diente die seit Anfang der 90er Jahre in Forschung und Politik europaweit intensiv geführte Diskussion um Fragen nach der Qualität institutioneller Kindertagesbetreuung.

2.1. Die Qualitätsdebatte in Deutschland

In Deutschland wurde die Qualitätsdebatte einerseits durch gesellschaftliche und andererseits fachliche Entwicklungen forciert und beeinflusst.

In den alten Bundesländern verursachte der kontinuierliche Ausbau der Anzahl verfügbarer Tagesbetreuungsplätze seit Ende der 60er Jahre[1] und die damit einhergehende „zunehmende Auslagerung der Kindertagesbetreuung aus den Herkunftsfamilien in öffentliche Institutionen" (BMFSFJ, 2002, S. 3) neben einem erhöhten Konkurrenz- bzw. Legitimationsdruck auf Seiten der Einrichtungsträger und Institutionen, eine stetig ansteigende finanzielle Belastung des öffentlichen Haushalts. Dies hängt letztlich mit der Frage zusammen, „ob die gesellschaftlichen Ressourcen, die für die Tagesbetreuung von Kindern zur Verfügung stehen, effizient eingesetzt werden und tatsächlich zu den Ergebnissen führen, die intendiert werden" (Tietze, 1999, S. 5).

Neben diesen Entwicklungen stellte auch die deutsche Wiedervereinigung 1990 einen Motor der Qualitätsdebatte dar, da durch sie zwei unterschiedliche Früherziehungssysteme aufeinander trafen:

„(...) einerseits der Kindergarten als Teil eines Jugendhilfesystems in einer pluralen Trägerlandschaft mit zum Teil unklaren pädagogischen Orientierungen und andererseits ein zentral gesteuerter Kindergarten als organisatorischer Bestandteil des Bildungssystems mit klaren curricularen Vorgaben" (Tietze; Viernickel, 2002, S. 9).

---

[1] Insbesondere im Rahmen der allgemeinen Bildungsreform Ende der 60er und Anfang der 70er Jahre, sowie durch den 1996 vom Gesetzgeber formulierten Rechtsanspruch eines jeden Kindes auf einen Kindergartenplatz.

Denn aufgrund des Verlusts dieser curricularen Vorgaben suchten die Einrichtungen der neuen Bundesländer im Anschluss an die Wiedervereinigung nach einer neuen Orientierung in ihrer Arbeit. Zudem trug auch der in den letzten Jahren kontinuierlich gewachsene Einfluss der Globalisierung zu einer Intensivierung der Qualitätsdebatte bei.

„Die Dominanz einer globalisierten Ökonomie über das Politische und Soziale [und] die Globalisierung der Lebensformen [...] bewirken Entwicklungen, die durch die Veränderung der Arbeitswelt, den Bedeutungsverlust der Nationen (zumindest in Europa), die Annäherung und wechselseitige Durchdringung von Kulturen auch zu neuen Voraussetzungen und Bedingungen von Erziehung führen" (Wulf; Merkel, 2002, S.15).[2]

Parallel zu solchen gesellschaftlichen Entwicklungen, zu denen auch der Wandel traditioneller Familienformen zu zählen ist, änderte sich ebenso das Verständnis vom Stellenwert der ersten Lebensjahre. Es wurde nun, was heutzutage durch die Erkenntnisse der modernen Hirnforschung neurophysiologisch fundiert scheint (vgl. Kasten; Singer, 2003), zunehmend anerkannt, dass diese Jahre von entscheidender Bedeutung für das künftige Leben der Kinder sind, und dementsprechend seien auch die Kinder in diesem Alter angemessen zu fördern. Eine Einsicht, die sich schließlich 1990 in der Einführung des Kinder- und Jugendhilfegesetzes niederschlug, aber bereits seit Beginn der 70er Jahre zu einer Vielzahl fachlicher Entwicklungen führte.

Diese führten dazu, dass in den folgenden Jahren verschiedene Positionen und Ansätze für die institutionelle Kindertagesbetreuung entstanden und seither nebeneinander stehen.

Für die Qualitätsdebatte hatte dies wiederum zur Folge, dass sich bis zur NQI nur aus jeweils unterschiedlichen Perspektiven mit Qualitätsfragen befasst wurde, anstatt sich gemeinsam über pädagogische Standards zu verständigen.

2.2. Die NQI – Eine Beschreibung

Mit der Qualitätsinitiative wollte das BMFSFJ einen neuen Weg in der Qualitätsdebatte einschlagen. „Zum ersten Mal werden in einem länder- und trägerübergreifenden Forschungsvorhaben Kriterien zur Erfassung der Qualität der Arbeit im System der Kindertageseinrichtungen erarbeitet. Es sollen praxisnahe Feststellungsverfahren entwickelt und erprobt werden" (BMFSFJ, 2002, S. 5). Ziel dieser Initiative war somit, länder- und trägerübergreifend

---

[2] Der zunehmende Einfluss der Globalisierung lässt sich auch an der Bedeutung internationaler Leistungsvergleichsstudien wie PISA für die Öffentlichkeit und Politik erkennen. Die PISA- Ergebnisse wurden jedoch erst nach dem Start der NQI veröffentlicht.

„pädagogische Qualität zu konzeptualisieren und Instrumente zu deren Messung und Evaluation zu ermitteln" (Fthenakis, 2003a, S. 14).

Um dies zu verwirklichen wurde ein bundesweiter Projektverbund ins Leben gerufen, der aus fünf Teilprojekten besteht, die auf vier Forschungsinstitute verteilt wurden und Ende 1999 bzw. im Januar 2000 anliefen. Jedes dieser Teilprojekte befasst sich mit einem jeweils anderen thematischen Schwerpunkt der Initiative und alle fünf haben „den Auftrag, einen Katalog von Qualitätskriterien zu erstellen, jeweils bezogen auf ihren spezifischen Arbeitsschwerpunkt. Darüber hinaus erarbeiten und erproben alle Projektnehmer ein internes und ein externes Verfahren zur Feststellung von Qualität" (Fuchs u.a., 2001, S.6).

Krappmann formulierte diesen anspruchsvollen Auftrag auf einer Projekttagung aller fünf Teilprojekte im Mai 2002 wie folgt:

„Es geht um die vermehrte Wahrnehmung, auf wie viele Bereiche, Ebenen, Handlungsfelder sich die Aufmerksamkeit richten muss, wenn wir uns der Qualität der Kindereinrichtungen vergewissern wollen. Es geht ferner um den Vergleich verschiedener Wege, in wichtigen Arbeitsbereichen mehr Qualität zu erzeugen, indem der Praxis neue Anregungen, Modelle, produktive Prinzipien erschlossen werden. Es geht auch um verschiedene Wege, den in der Praxis in verschiedenen Rollen Tätigen sowie den für diese Tätigkeit Verantwortlichen die unterschiedliche Ausübung dieser Tätigkeit, den erreichten Stand und die Wirksamkeit dieser Tätigkeit zu demonstrieren" (Krappmann, 2002, S. 107).

Die Teilprojekte I und II haben dabei zur Aufgabe, sich mit der Qualität von Kindertageseinrichtungen für Kinder von 0-6 Jahren zu befassen, das Projekt III beschäftigt sich mit der Tagesbetreuung für Schulkinder. Das Teilprojekt IV bezieht sich auf die Qualität im Situationsansatz[3] und bei Projekt V geht es um die Qualität der Tageseinrichtungsträger. Zusätzlich begleiten der Bund, die Länder und Verbände die Forschungsarbeiten in Form eines vom Deutschen Jugendinstitut koordinierten Beirates.

Das Vorgehen des gesamten Projekts gliedert sich in zwei aufeinander folgende Teile: Auf die Entwicklungs- und Erprobungsphase folgt die Implementierungsphase zur Verankerung der in der ersten Phase entwickelten Produkte.

Im Folgenden soll es darum gehen, alle Teilprojekte kurz vorzustellen.

2.2.1. Die Teilprojekte I und II der Nationalen Qualitätsinitiative

Die für die Teilprojekte I und II der NQI zuständige Pädquis gGmbH (Kooperationsinstitut der Freien Universität Berlin) unter der Leitung von Prof. Tietze haben im Rahmen der Entwicklungs- und Erprobungsphase der Initiative die Aufgaben der Entwicklung von Qualitätskriterien für die insti-

---

[3] Zum Situationsansatz: Vgl. Zimmer, 2000

tutionelle Arbeit mit Kindern von 0-6 Jahren in Kindertageseinrichtungen und die Erarbeitung eines Qualitätsfeststellungsverfahrens für diese Tätigkeit. Diese Aufgabenstellungen werden auch, wie bei allen anderen Teilprojekten der NQI, im gemeinsamen Titel dieser beiden Projekte genannt. Er lautet: 'Entwicklung von Kriterien zur Erfassung der pädagogischen Qualität in Kindertageseinrichtungen für Kinder unter drei Jahren und für Kinder von drei bis sechs Jahren sowie Erarbeitung und Erprobung eines handhabbaren Feststellungsverfahrens'.

Die zu entwickelnden Qualitätskriterien sollten dabei auf einem breiten Fachkonsens beruhen, um eine Verständigung über grundlegende Qualitätsstandards mit Spielraum für die vielen im Feld existierenden pädagogischen Ansätze zu erreichen.

Bei dem zu entwickelnden Qualitätsfeststellungsverfahren sollte es sich konkret um zwei Verfahren handeln: einem internen sowie einem externen Qualitätsfeststellungsverfahren. Das interne Verfahren soll in Zukunft den Fachkräften in den Einrichtungen

„(...) eine eigenständige, interne Evaluation (Selbstevaluation) ermöglichen, sie bei der Formulierung von Qualitätszielen und Plänen zu deren Umsetzung unterstützen und ihnen konkrete Hilfen bei der Weiterentwicklung ihrer Qualität zur Verfügung stellen" (Fuchs u.a., 2001, S. 7).

Bei dem externen Qualitätsfeststellungsverfahren war dessen Handhabbarkeit sowie Generalisierungsfähigkeit angestrebt.

Das Teilprojekt I bezieht sich auf die Kinder von 0-3 Jahren, das zweite Teilprojekt auf 3-6jährige Kinder. Zusammengelegt wurden diese beiden Teilprojekte, um sowohl für altersgemischte (0-6 Jahre) wie altershomogene (bspw. 0-3 oder 3-6 Jahre) Gruppen ein einziges Instrumentarium ohne Überschneidungen oder Doppelungen, zu welchen es bei zwei getrennten Projekten gekommen wäre, zur Verfügung zu stellen.

Inzwischen stehen jeder Einrichtung neben dem im Oktober 2002 erschienenen QKK ein Arbeitsbuch zur Qualitätsentwicklung, 20 Checklisten und Rückmeldebögen für alle Bereiche des Kriterienkatalogs, Feststellungsverfahren zur Fremdeinschätzung in jeder Gruppe der Einrichtung und Materialien für Multiplikator/innen zur Durchführung von Qualitätsentwicklungsangeboten und Evaluation in Tageseinrichtungen zur Verfügung.

Bei der Erarbeitung dieser Materialien waren Einrichtungen aus den Bundesländern Berlin, Niedersachsen, Nordrhein-Westfalen, Sachsen, Sachsen-Anhalt und Thüringen beteiligt.

2.2.2. Das Teilprojekt III der Nationalen Qualitätsinitiative

Der Kurztitel des dritten Teilprojektes der NQI, an welchem sich die Bundesländer Bremen, Nordrhein-Westfalen und Sachsen beteiligen, lautet

'Qualität für Schulkinder in Tageseinrichtungen', oder einfach QUAST. Es beschäftigt sich mit Fragen der Qualitätsentwicklung institutioneller außerschulischer Angebote für Kinder im Schulalter. Beauftragt mit diesem Projekt wurde das Sozialpädagogische Institut NRW (SPI-NRW) – Landesinstitut für Kinder, Jugend und Familie unter der Leitung von Dr. Strätz.

Da diesem Bereich der Tagesbetreuung zuvor nur geringe Aufmerksamkeit zukam, lagen bis dato kein „Kriterienkatalog und keine Materialien zur Evaluation für die Arbeit mit Schulkindern" (Sozialpädagogisches Institut NRW, 2002, S. 7) vor, so dass die entwickelten Materialien die bundesweit einzigen sind, die speziell die Schulkinder im Blick haben.

Ähnlich wie die Teilprojekte I und II stand dieses Teilprojekt vor der Schwierigkeit, sich mit einer großen Heterogenität des Feldes auseinandersetzen zu müssen, da die klassische Institution des Hortes inzwischen durch verschiedene weitere Angebote ergänzt wird. Somit war die Anforderung, „Bewertungsmaßstäbe und Instrumente zu entwickeln, damit die Qualität der unterschiedlichen Angebotsformen festgestellt und weiterentwickelt werden kann" (Fuchs u.a., 2001, S. 8).

Neben dem im Rahmen der Qualitätsinitiative zu entwickelnden QKK sowie der Erarbeitung und Erprobung eines in der Zielsetzung mit dem der Teilprojekte I und II vergleichbaren internen und externen Qualitätsfeststellungsverfahrens, wurde eine Art Methodenkoffer u.a. für folgende Bereiche zusammengestellt: Beobachtungen, Umfeldanalysen, Formulierung von Zielen, Verbesserung der Teamarbeit. Das Fundament für die Entwicklung der beiden Feststellungsverfahren und des Methodeninventars bildete dabei – wie bei allen anderen Teilprojekten – der QKK (vgl. Fuchs u.a., 2001), in welchem in Zusammenarbeit mit Praktiker/innen versucht wurde, die "best practice" im jeweiligen Handlungsfeld zu beschreiben.

Der Kriterienkatalog ist mitsamt dem Methodenkoffer 2003 (Strätz u.a., 2003) veröffentlicht worden.

2.2.3. Das Teilprojekt IV der Nationalen Qualitätsinitiative

Die Internationale Akademie (INA) gGmbH – an der Freien Universität Berlin – hat innerhalb der NQI den Auftrag übernommen, sich mit der 'Qualität im Situationsansatz' (QUASI) zu beschäftigen. Somit befasst sich dieses Institut mit dem Teilprojekt IV der NQI, welches den Langtitel 'Entwicklung von Kriterien zur Erfassung der Qualität der Arbeit in Tageseinrichtungen für Kinder auf der Basis des Situationsansatzes sowie Erarbeitung und Erprobung von Instrumenten zur internen und externen Evaluation' trägt. Aufgrund seiner Aufgabenstellung ist dieses Teilprojekt auch das einzige der Initiative, das sich auf ein konkretes Konzept konzentrieren konnte und somit bei der Entwicklung der Materialien nicht die anderen im Feld existierenden Konzepte berücksichtigen musste.

Unter der Leitung von Dr. Preissing beteiligen sich neben den Bundesländern Berlin, Hessen und Saarland die Städte Jena, Villingen – Schwenningen und Wolfsburg, das Landesjugendamt Baden sowie die Vereinigung der Hamburger Kindertagesstätten an diesem Teilprojekt.

Die im Rahmen der NQI entwickelten Materialien dieses Projekts sind

„(…) gleichzeitig Resultat und Ausdruck einer jetzt insgesamt 30-jährigen Diskussion um dieses Konzept und spiegeln die derzeitigen Positionen und Erkenntnisse innerhalb [der] Projektgruppe, zu denen [sie] im Austausch mit der unmittelbar am Projekt beteiligten Praxis und den anderen beteiligten Expertengruppen gelangt sind" (Preissing, 2003, S. 10).

Sie gliedern sich in 3 Hauptabschnitte: das Leitbild und die konzeptionellen Grundsätze, die Qualitätskriterien und die theoretischen Dimensionen des Situationsansatzes.

Entsprechend der Aufgabenstellung wurden zudem auf den Qualitätskriterien basierende Instrumente und Verfahren zur internen und externen Qualitätsevaluation bzw. -entwicklung erarbeitet und in profilierten sowie nicht einschlägig profilierten Praxiseinrichtungen überprüft. Bei der Entwicklung dieser Instrumente wurde vor allem Wert darauf gelegt, dass sie den Einrichtungen Möglichkeiten „zur selbstkritischen Reflexion und Orientierung im Team mit dem Ziel der Qualitätsentwicklung (interne Evaluation) bzw. [...] zur Überprüfung und Einordnung der erreichten Qualität im Vergleich mit anderen Praxiseinrichtungen" (BMFSFJ, 2002, S. 14) eröffnen sowie handhabbar sind und zuverlässige Ergebnisse liefern.

Der 2003 veröffentlichte Band 'Qualität im Situationsansatz' (Preissing, 2003) enthält neben den Qualitätskriterien Materialien für die interne Qualitätsentwicklung.

2.2.4. Das Teilprojekt V der Nationalen Qualitätsinitiative

„Um die Qualität der Bildung, Erziehung und Betreuung sicherzustellen und weiter zu entwickeln, reicht es nicht aus, lediglich die Einrichtungen und deren Personal in den Blick zu nehmen" (Schreyer u.a., 2003, S. 352). Aus diesem Grund wurde entschieden, sich im Rahmen der NQI auch mit der Qualität der Rechtsträger der Tageseinrichtungen zu befassen. Verantwortlich hierfür ist das Staatsinstitut für Frühpädagogik München (IFP), das unter der Leitung von Prof. Fthenakis innerhalb der Initiative das Projekt 'Trägerqualität – Entwicklung von Kriterien zur Erfassung der Qualität der Arbeit von Trägern sowie Erarbeitung und Erprobung eines handhabbaren Feststellungsverfahrens' durchführt. Finanziell daran beteiligt sind die Länder Bayern, Bremen, Rheinland-Pfalz, Sachsen-Anhalt und Thüringen sowie die Städte Dresden, München und Nürnberg.

In einem ersten Schritt dieses Teilprojekts wurde eine bundesweite Befragung mit rund 2300 beteiligten Trägern im Winter 2000/2001 durchgeführt, deren Gegenstand „in erster Linie die von den Trägern bereitgestellten Strukturen und die aktuelle Beschreibung der Trägeraufgaben sowie Maßnahmen der Sicherung und Steuerung der Qualität des Kinderbetreuungsangebotes" (BMFSFJ, 2002, S. 16) war. Diese Erhebung ergab auf Seiten der Träger „das Bild eines weithin fehlenden oder unsystematisch betriebenen Qualitätsmanagements im Praxisfeld" (Schreyer u.a., 2003, S. 357), so dass es sich bestätigte, dass eine "Qualitätsoffensive" auch im Bereich der Rechtsträger von Kindertageseinrichtungen angebracht war.

Basierend auf dieser Erhebung wurde im Anschluss im Austausch mit Expert/innen ein Trägerprofil mit 10 Verantwortungsbereichen eines Trägers (vgl. Schreyer u.a., 2003, S. 362ff) konzeptualisiert, welche wiederum zum QKK ausdifferenziert wurden.

Wie bei den anderen Teilprojekten bildete dieser Kriterienkatalog das Fundament für die Entwicklung interner und externer Evaluationsinstrumente der Träger bezüglich deren Aufgaben und Leistungen. Aufgrund der Überzeugung, dass Qualitätsentwicklung „eine immer wieder anzugehende Aufgabe [ist], die mit einer normierten Qualitätsfeststellung nicht hinreichend erfüllt wird" (Schreyer u.a., 2003, S. 370), wurde bei der Entwicklung dieser Instrumente besonderen Wert darauf gelegt, dass sie nicht nur die bloße Qualitätsfeststellung zum Ziel haben, sondern die Träger darin unterstützen, ihre Aufgaben kritisch zu überprüfen und ihre Innovationsbereitschaft zu stärken sowie Maßnahmen zur Qualitätsentwicklung anzuregen und durchzuführen. Besonders darauf wurde auch das 2003 veröffentlichte Qualitätshandbuch 'Träger zeigen Profil' (Fthenakis u.a., 2003) ausgerichtet.

2.2.5. Die Implementierungsphase

Da die Entwicklungs- und Erprobungsphase der NQI inzwischen abgeschlossen wurde und die Instrumente und Verfahren auf eine positive Resonanz im Praxisfeld gestoßen sind, die Materialien rege nachgefragt werden und die Evaluationsverfahren ein ansehnliches Interesse ausgelöst haben, hat das BMFSFJ im November 2003 das Projekt 'Implementation der Ergebnisse der 'Nationalen Qualitätsinitiative im System der Tageseinrichtungen für Kinder'' gestartet.

„In dem Projekt, für das allein der Bund 2 Mio. € zur Verfügung stellt, geht es im Kern darum zu zeigen, wie die Umsetzung der Projektergebnisse unter Berücksichtigung der hohen Variationsbreite der im Feld vorhandenen infrastrukturellen Bedingungen sowie bereits vorhandener Qualitätsmanagementsysteme der Träger die Praxis verbessern kann" (BMFSFJ, 2004, S. 1).

Diese Implementierungsphase zielt somit auf eine bundesweite Verankerung der in der Entwicklungs- und Erprobungsphase der NQI entwickelten Produkte der Teilprojekte.

Die Implementierungsphase beinhaltet zwei Komponenten: die Information sowie die Verbreitung und Anwendung der entwickelten Kataloge und Evaluationsverfahren.

Im Rahmen der Informationskomponente sollen die Produkte der Teilprojekte bundesweit bekannt gemacht werden. Dieser bundesweite Bekanntheitsgrad soll über deren Vorstellung auf flächendeckenden Regionalkonferenzen mit Teilnehmer/innen aus allen Bundesländern und mit projektspezifischen Informationen gewährleistet werden.

Während der Verbreitung und Anwendung werden die Träger und Tageseinrichtungen bei deren Qualitätsentwicklung systematisch von den Forschungsinstituten unterstützt. Dazu werden pädagogische Fachkräfte zu Multiplikator/innen im Tageseinrichtungssystem qualifiziert.

Die Teilprojekte I und II bieten hierzu unterschiedliche Kurse an: für Leitungskräfte 'Qualifizierungsangebote zur Qualitätsentwicklung in Kindertageseinrichtungen', für Fachberater/innen und Qualitätsbeauftragte die 'Ausbildung zu Multiplikator/innen für Qualitätsentwicklung' und die 'Ausbildung zu Evaluator/innen' sowie 'Fortbildungsworkshops' für pädagogische Fachkräfte im Allgemeinen.

Das Teilprojekt III hat 'Schulungen externer Evaluator/innen', 'Schulungen zur internen Evaluation' und 'Schulungen von QUAST-Expert/innen' vorbereitet. Des Weiteren möchte das Projektteam nach Bedarf Einrichtungen und Träger beim Einsatz von QUAST-Evaluationsverfahren und bei der Aufnahme von Schulkindern unterstützen, oder wenn sie ihre Qualitätshandbücher im Bereich der Arbeit mit Schulkindern inhaltlich ergänzen bzw. präzisieren möchten.

Das Teilprojekt IV bietet Zertifikatskurse zur 'Multiplikatorin für interne Evaluation' und darauf aufbauend zur 'externen Evaluatorin' an. Zudem können Fortbildungen und Workshops zum Thema Qualität im Situationsansatz vereinbart werden.

Das Teilprojekt V bietet keine Einzelveranstaltungen sondern eine "umfassende Implementierungsleistung" an. Diese umfasst zunächst eine Vorbereitungsphase, in der Planungsgespräche und regionale Informationsveranstaltungen durchgeführt werden, dann eine Durchführungsphase, welche eine Multiplikator/innenschulung und die weitere Begleitung der geschulten Multiplikator/innen beinhaltet, und schließlich eine Evaluationsphase, in der die Implementierung dokumentiert und evaluiert wird.

Zudem können mit allen Teilprojekten externe Evaluationen vereinbart werden.

3. Die Teilprojekte I und II der NQI

Um den Rahmen, in welchem der Qualitätsbereich 'Interkulturelles Lernen' erstellt wurde, präziser zu definieren, soll sich im folgenden intensiver auf die Teilprojekte I und II und deren für die NQI entwickelten Materialien konzentriert werden.

3.1. Problemhintergrund

Im Projektantrag für das Teilprojekt II sowie dem Kriterienkatalog wird hervorgehoben, dass innerhalb der letzten Jahrzehnte das deutsche Kleinkinderbetreuungssystem, auch aufgrund des 1996 vom Gesetzgeber verankerten Rechtsanspruchs eines jeden Kindes auf einen Kindergartenplatz, quantitativ stark ausgedehnt wurde. Für 3-6jährige Kinder seien bspw. Taesneinrichtungen innerhalb dieser Zeit zum Regelangebot geworden, „und auch ein zunehmend größerer Teil der unter dreijährigen Kinder erfährt heute Tagesbetreuung außerhalb der Herkunftsfamilie" (Tietze, 1999, S. 4). Dieser Ausbau würde jedoch die Frage hervorrufen, inwieweit die Betreuungsangebote die notwendige pädagogische Qualität bereitstellen. Dass eine solche notwendige pädagogische Qualität allerdings angeboten wird, sei zu bezweifeln, da eine im Jahre 1998 bundesweit durchgeführte Untersuchung (vgl. Tietze, 1998) erkennen ließe, dass in zahlreichen Einrichtungen von einer ungenügenden pädagogischen Qualität gesprochen werden muss.

Laut Projektantrag wäre des Weiteren bedeutsam, dass die Steuerungsmöglichkeiten von pädagogischer Qualität – wie die staatlichen Vorschriften zum Betrieb von Einrichtungen oder auch die Fortbildungsangebote – häufig nicht als ausreichend betrachtet werden, um diese Qualität sicherzustellen. Auch bei der Ausbildung der Fachkräfte bedürfe es Reformbemühungen: „Dass die Erzieher/innenausbildung auf eine neue Grundlage gestellt werden muss, ist Konsens" (Balluseck u.a., 2003, S. 330).

Daher käme der Qualitätsinitiative die bedeutsame Rolle zu, der Beliebigkeit in der von Pluralität geprägten deutschen Früherziehungslandschaft entgegenzuwirken und zur „Qualitätsentwicklung und -sicherung in [Kindertageseinrichtungen] auf einer breiten Basis beizutragen" (Tietze, 1999, S. 30).

3.2. Ziele und Produkte

Um diesen angestrebten Beitrag zur Entwicklung und Sicherung pädagogischer Qualität im Bereich institutioneller Kindertagesbetreuung zu leisten, verfolgten die Teilprojekte I und II der NQI die drei folgenden miteinander verbundenen Zielsetzungen:

- Die Erstellung eines Qualitätskriterienkataloges, der den verfügbaren Erkenntnissen nationaler und internationaler Arbeiten entspricht und „in ein umfassendes, auf die Situation in Deutschland zugeschnittenes Kriterienraster für eine qualitativ gute pädagogische Kindergartenbetreuung umsetzt (Tietze, 1999, S. 3)
- Die Erarbeitung und Erprobung eines Konzepts zur Unterstützung interner Qualitätsentwicklungsprozesse in Kindertagesstätten, gepaart mit der Erstellung praxisorientierter Fortbildungsmaterialien, die die interne Qualitätsentwicklung durch die Teams ermöglichen.
- Die Entwicklung und Erprobung eines handhabbaren und generalisierungsfähigen Feststellungsverfahrens, das auf eine externe Qualitätseinschätzung – auf der Grundlage der formulierten Qualitätsaspekte – zielt" (vgl. Tietze, 1999, S. 3).

Diese Zielsetzungen sollten mit den drei folgenden Produkten realisiert werden:

- Mit einem Kriterienkatalog zu pädagogischer Qualität institutioneller Tagesbetreuung von Kindern im Alter von 0-6 Jahren, dessen „fachliche Solidität, kulturelle Angemessenheit und Akzeptanz im Praxisfeld" (Tietze, 1999, S. 30) u.a. durch die Beteiligung von anerkannten Expert/innen gewährleistet werden sollen.
- Einem „Konzept zur Unterstützung von eigenverantwortlichen, internen Qualitätsentwicklungsprozessen" (Tietze, 1999, S. 31) für die Einrichtungen, welches auf den Kriterien des Qualitätskatalogs basierende, praxisorientierte Arbeitsmaterialien bietet und zielorientierte Vorschläge für Verbesserungen beinhaltet, sowie einer begleitenden Weiterbildung in Form von Arbeitsgruppen für Einrichtungsleiter/innen zu Qualitätsentwicklungsprozessen.
- Einem Instrument zur externen Feststellung pädagogischer Qualität, welches durch ausgebildete Evaluator/innen detailliert und zuverlässig, unter den gewohnten Bedingungen und mit begrenztem Aufwand angewendet werden kann und vergleichende Beurteilungen erlaubt.

3.3. Pädagogische Qualität

Zu Beginn der Entwicklung dieser Produkte musste sich jedoch zunächst darüber verständigt werden, was unter pädagogischer Qualität in Kindertageseinrichtungen für Kinder von 0-6 Jahren zu verstehen sei.

Hierfür wird darauf verwiesen, dass in diesem Bereich bisher keine breite Einigkeit darüber herrscht, „welche Ziele und Qualitätsstandards als wünschenswert oder verbindlich angestrebt werden sollten" (Tietze, 1999, S. 6), da die Qualität in Kindertageseinrichtungen aus vielen verschiedenen Perspektiven – bspw. je nach Rolle (Expert/innen, Eltern, Kinder, Gesellschaft oder Erzieherinnen) oder vertretenen Werten – beurteilt wird. Diese unterschiedlichen Sichtweisen seien auch der Grund für die Entwicklung einer Vielzahl von pädagogischen Konzepten in der Praxis. Demgemäß wurde in den Teilprojekten I und II der NQI bei der Entwicklung von Maßstäben für qualitativ gute Tagesbetreuung Wert darauf gelegt, die unterschiedlichen Sichtweisen zu berücksichtigen und folgende Richtlinien erstellt:

Qualitativ gute Tagesbetreuung sei dann gegeben, wenn sie

- „das körperliche, emotionale, soziale und intellektuelle Wohlbefinden und die Entwicklung der Kinder in diesen Bereichen fördert und

- die Familie in ihrer Betreuungs- und Erziehungsaufgabe unterstützt" (Tietze, 1999, S. 7).

Dabei wird zwischen drei pädagogischen Qualitätsebenen, die alle zur "Gesamt-Einrichtungsqualität" beitragen, unterschieden: Zwischen den Ebenen der Struktur-, Prozess- und Orientierungsqualität.

„Unter Strukturqualität werden im Allgemeinen situationsunabhängige und zeitlich relativ stabile Rahmenbedingungen für Kindertageseinrichtungen verstanden" (Tietze; Viernickel, 2002, S. 11). Hierzu zählen insbesondere die Gruppengröße und -organisation, der Personalschlüssel, die Qualität und das Niveau der Ausbildung des pädagogischen Personals, zur Verfügung stehende Räume und Ausstattung, die vertraglich vereinbarten Vor- und Nachbereitungszeiten der praktischen Arbeit sowie die Stabilität der Betreuung. Charakteristisch für die Merkmale der Strukturqualität ist, dass sie der Praxis überwiegend durch politische Entscheidungen vorgegeben werden. Obwohl die Forschung zeigte, „dass bei gleichen strukturellen Bedingungen in den Einrichtungen dennoch unterschiedliche Qualität erzeugt werden kann" (Fthenakis, 2003c, S. 228), wurde sich während der letzten Jahre in der Diskussion um pädagogische Qualität vorwiegend auf diese Ebene pädagogischer Qualität konzentriert. Die Forschung zeigte also, dass Qualität zudem hinsichtlich der Prozess- und Orientierungsqualität betrachtet werden muss.

„In der Prozessqualität spiegeln sich die dynamischen Aspekte des Kindergartenalltags" (Tietze; Viernickel, 2002, S. 11). Sie umschreibt somit die Erfahrungen und Interaktionen eines Kindes mit dem Betreuungspersonal und den anderen Kindern der Einrichtung, die Wechselbeziehungen der Erzieher/innen untereinander sowie diejenigen zwischen den Erzieher/innen und den Eltern. Neben diesen Interaktionen gelten auch die bereitgestellten Materialien, Bildungsinhalte, Aktivitäten und Angebote als Merkmale der Prozessqualität.

Der Begriff der Orientierungsqualität bezieht sich auf das, „was die pädagogisch Handelnden im Kopf haben" (Tietze; Viernickel, 2002, S. 11). Es dreht sich dabei um Auffassungen über pädagogische Ziele, Normen, Werte oder das Bild vom Kind der pädagogischen Fachkräfte, die einen unmittelbaren Einfluss auf das pädagogische Handeln haben. Eigenschaften der Orientierungsqualität werden im Laufe der allgemeinen sowie beruflichen Sozialisation erworben, so dass sich in ihnen besonders kulturell verankerte Muster widerspiegeln.

Durch Forschung (vgl. Tietze, 1998) konnte nachgewiesen werden, dass sich diese drei Ebenen der pädagogischen Qualität zwar beeinflussen, aber nicht vollständig gegenseitig bestimmen. Bspw. kann in zwei Kindergartengruppen dasselbe pädagogische Konzept (Orientierungsqualität) oder der gleiche Erzieher/innen-Kind-Schlüssel (Strukturqualität) gegeben sein, die Prozessqualität hingegen kann dennoch sehr unterschiedlich ausfallen. Es besteht also trotz gleicher relativ stabiler "Ausgangslagen" ein hoher Gestaltungsspielraum durch die pädagogischen Fachkräfte selbst.

3.4. Vorgehensweise

Die Vorgehensweise der beiden Teilprojekte zur "Erfüllung" ihrer Aufgaben wurde schon, wie bei den anderen Teilprojekten, durch die Abfolge der Ziele bestimmt. Denn das Resultat des ersten Ziels, der QKK, stellte die Basis der beiden weiteren Ziele dar.

Zur Erarbeitung dieses Katalogs wurde zunächst die einschlägige Literatur gesichtet. Dabei wurde besonderer Wert auf Quellen gelegt, die als Qualitätskriterien charakterisiert sind und sich durch die Erstellung von Qualitätsindikatoren auszeichnen. Des Weiteren wurden in der Projektarbeit Quellen berücksichtigt, „die sich auf konkret beobachtbare oder durch Befragung oder Dokumentenanalyse erschließbare Sachverhalte, Strukturen und Prozesse in pädagogischen Settings beziehen" (Tietze, 1999, S. 14). Als Beispiele hierfür sind u.a. die Qualitätskriterien der amerikanischen National Association for the Education of Young Children (NAEYC) (vgl. National Association for the Education of Young Children, 1998) oder die 'Kindergarten-Einschätz-Skala' (KES) (vgl. Tietze u.a., 1997), als die deutsche Fassung der amerikanischen 'Early Childhood Environment Rating Scale' (ECERS) zu nennen.

Neben dem Einbezug dieser Quellen wurden bei der Erstellung der Qualitätskriterien die Ansichten von rund 1550 Praktiker/innen in Kindertageseinrichtungen berücksichtigt, welche mit Aussagen zur Qualität in Kindertageseinrichtungen auf einen in Fachzeitschriften veröffentlichten Fragebogen antworteten.

Zudem ist in der Arbeit des Projektteams von zentraler Bedeutung, dass auf einen systematischen Einbezug von Expert/innen aus Praxis und Forschung Wert gelegt wird. Deren Urteile dienen in erster Linie der Überprüfung der erarbeiteten Resultate.

3.5. Notwendigkeit weiterer Produkte neben dem Kriterienkatalog

Bevor sich in der vorliegenden Arbeit intensiver mit dem QKK an sich auseinandergesetzt werden soll, wird darauf eingegangen, warum nach Ansicht der beiden Teilprojekte die Erarbeitung eines solchen Katalogs für die übergeordnete Zielstellung der Qualitätsentwicklung und -sicherung in Kindertageseinrichtungen alleine nicht ausreicht. Warum also neben dem Kriterienkatalog ein Konzept und Fortbildungsmaterialien zur Unterstützung von internen Qualitätsentwicklungsprozessen in Kindertageseinrichtungen sowie ein externes Qualitätsfeststellungsverfahren, also die unter 3.2 genannten Ziele 2 und 3 (s. S. 14f), für notwendig erachtet werden.

Die Notwendigkeit dieser Instrumente wird im Projektantrag wie folgt begründet:

„Die Existenz und Kenntnis eines konsensuell von der Profession getragenen Katalogs pädagogischer Qualitätskriterien ist eine notwendige, jedoch noch keine hinreichende Bedingung für eine hinreichend breit angelegte, an fachlichen Standards orientierte Strategie der Entwicklung und Sicherung pädagogischer Qualität in der Praxis" (Tietze, 1999, S. 18).

Für das übergeordnete Ziel seien also weiterreichende Maßnahmen notwendig, da die Praktiker/innen bei der Beschäftigung mit den Qualitätskriterien und deren Verwirklichung in der Arbeit, also bei der internen Qualitätsentwicklung, Unterstützung benötigten. Hierfür bedürfe es eines konkreten Konzepts und Fortbildungsmaterialien. Des Weiteren wäre ein externes Qualitätsfeststellungsverfahren notwendig, um neutrale und vergleichbare Aussagen über die Qualität der pädagogischen Praxis in den einzelnen Einrichtungen treffen zu können. Die Entwicklung eines solchen Verfahrens wird mit dem dritten Ziel angestrebt und soll an den Kriterien des QKK's ausgerichtet sein, damit den Einrichtungsteams über die an diesem Katalog ausgerichtete interne Qualitätsentwicklung die Möglichkeit gegeben wird, sich "fair" auf das externe Feststellungsverfahren vorzubereiten.

4. Der Nationale Kriterienkatalog der Teilprojekte I und II der NQI

Das erste dieser geplanten Produkte, also das Resultat des ersten Ziels der Teilprojekte I und II der NQI, wurde im Oktober 2002 unter dem Titel 'Pädagogische Qualität in Tageseinrichtungen für Kinder – Ein Nationaler Kriterienkatalog' (QKK) beim Beltz Verlag veröffentlicht.

In diesem Kapitel soll dieser Kriterienkatalog beschrieben werden. Dafür wird darauf eingegangen, warum die Erarbeitung dieses Kataloges nach Ansicht der Herausgeber/innen notwendig war und worauf bei der Formulierung der Qualitätskriterien besonderen Wert gelegt wurde. Ferner wird sich auf das Bild vom Kind im Katalog, auf dem bestimmte Anforderungen an die Erzieherinnen[4] beruhen konzentriert sowie auf dessen Aufbau.

4.1. Notwendigkeit des Qualitätskriterienkatalogs

Nach Ansicht der Vertreter/innen der Teilprojekte I und II der Nationalen Qualitätsinitiative würde gerade die Pluralität von pädagogischen Konzepten im System der deutschen Kindertagesbetreuung für Kinder von 0-6 Jahren einen gemeinsamen und anerkannten QKK notwendig machen. Denn pädagogischer Freiheit sollte dort Grenzen gesetzt werden, wo dem, was von der Profession als Qualität angesehenen wird, nicht oder nur ungenügend entsprochen wird. Daher sei

„(…) gerade ein plurales System mit seiner bewussten Vielfalt von Ansätzen auf einen gemeinsamen, von der Profession anerkannten Kanon von Qualitätskriterien angewiesen, die insgesamt als unverzichtbare Qualitätsmerkmale einer jeden modernen Pädagogik angesehen werden müssen" (Tietze, 1999, S. 7).

Diesen Kanon gälte es herauszuarbeiten, um relevante „Orientierungsmarken für die pädagogische Arbeit in den Einrichtungen sowie für deren Verbesserung" (Tietze, 1999, S. 31) zu liefern.

4.2. Das Bild vom Kind im Qualitätskriterienkatalog

Auf welche Weise und mit welchen Mitteln die formulierten Ziele am ehesten erreicht werden, hängt wesentlich von dem Bild ab, das man über das Kind, seine Bedürfnisse und Fähigkeiten sowie von den Auffassungen über deren Entwicklung hat.

Das nachfolgend dargestellte Bild vom Kind im 'Nationalen Kriterienkatalog' der Teilprojekte I und II spiegelt nach Aussage der Autor/innen einen auf gesellschaftlichen Übereinstimmungen, rechtlichen Vorgaben und Er-

---

[4]   Im QKK wird der Einfachheit halber bei der Bezeichnung der pädagogischen Fachkräfte durchgängig die weibliche Form verwendet, da über 95% dieser Fachkräfte Frauen sind. Dies soll in dieser Arbeit aus denselben Gründen beibehalten werden (vgl. Tietze; Viernickel, 2002, S. 7).

kenntnissen der Entwicklungspsychologie beruhenden gemeinhin akzeptierten Konsens wieder. Ausgehend vom Bild des Kindes werden bestimmte Anforderungen an die Erzieherinnen gestellt.

4.2.1. Gesellschaftliche und rechtliche Rahmenbedingungen

Erst im letzen Jahrhundert wurde Kindheit in Europa als „ein Lebensabschnitt akzeptiert, in dem das Spiel sowie Entwicklungs- und Lernprozesse im Vordergrund stehen und Kinder keine Erwerbsarbeit leisten müssen" (Tietze; Viernickel, 2002, S. 23). Das verdeutlicht, wie grundlegend sich in den letzten Jahrzehnten die rechtliche Situation von Kindern verändert hat. Konsequenterweise hat sich neben der gesellschaftlichen Anerkennung fundamentaler Kinderrechte auch das Recht auf Förderung etabliert. Inzwischen werden den Kindern nicht nur Grundrechte, wie das Recht auf gewaltfreie Erziehung, und Rechte bezüglich ihrer Förderung durch die Eltern und die Gesellschaft zugestanden, sondern auch dem Lebensalter entsprechende Selbstbestimmungs- und Beteiligungsrechte.

Diese rechtlichen Entwicklungen hatten selbstverständlich auch Konsequenzen für die Kindertagesstätten als Betreuungs-, Bildungs-, und Erziehungseinrichtungen. Laut Kinder- und Jugendhilfegesetz soll das Ziel der öffentlichen Betreuung „die Entwicklung des Kindes zu einer eigenverantwortlichen und gemeinschaftsfähigen Persönlichkeit" (KJHG, §22, (1)) sein und sich deren Leistungsangebot „pädagogisch und organisatorisch an den Bedürfnissen der Kinder und ihrer Familien orientieren" (KJHG, §22, (2)).

Grundlegend für diese momentanen rechtlichen und gesellschaftlichen Rahmenbedingungen von Kindheit in Deutschland waren insbesondere die Neuordnung des Kinder- und Jugendhilfegesetzes 1991, die UN- Kinderrechtskonvention 1992 und die Reform des Kindschaftsrechts 1997.

4.2.2. Entwicklungspsychologische Grundlagen

Die in der Pädagogik vorherrschende Sichtweise zu entwicklungspsychologischen Grundlagen von Kindheit geht davon aus, dass Umweltbedingungen nur einen Teil der kindlichen Entwicklungsprozesse darstellen. Hervorgehoben wird daneben „die aktive Teilhabe des Kindes an der Aneignung von Wissen und dem Vorantreiben seiner eigenen Bildung" (Tietze; Viernickel, 2002, S. 25). Kinder werden heutzutage als "aktiv Lernende" angesehen. Das heißt, sie lernen und entwickeln sich durch Eigenaktivität aus eigener Motivation heraus.

Auch Säuglinge nehmen ihre Umwelt nicht nur passiv auf. Sie besitzen von Geburt an ein Wahrnehmungs- und Motivationssystem, das sie befähigt, als kompetentes Wesen, von sich aus, Erfahrungen zu organisieren, die Umwelt zu beeinflussen und auf den eigenen Erfahrungen aufbauend Handlungsfähigkeit zu erlangen. Von herausragender Bedeutung in der Entwicklung des Kindes ist dabei seine Wahrnehmung, Verursacher von Effekten in seiner Umgebung zu sein und das Gefühl, selbst gesetzte Ziele erreichen zu können (Selbstwirksamkeitserfahrung). Somit ist für die kindliche Entwicklung die Wechselbeziehung zwischen dem Kind selbst und seiner Umwelt ausschlaggebend. Das Kind ist also heutzutage „nicht bloß Objekt der Bildungsbemühungen anderer. Im Gegenteil, es wird nunmehr als Subjekt im Bildungsprozess behandelt, als kompetent handelndes Wesen, das seine Entwicklung, sein Lernen und seine Bildung ko-konstruiert" (Fthenakis, 2003b, S. 26). Somit ist es „die Aufgabe des Pädagogen [...], für Lerngelegenheiten zu sorgen und Lernbedürfnisse des Kindes zu unterstützen" (Fthenakis, 2003b, S. 29).

4.2.3. Pädagogische Prinzipien

Diesen Auftrag differenzierten die Autor/innen des QKK's, aufbauend auf dem zuvor beschriebenen Bild vom Kind, zu 10 pädagogischen Prinzipien für die Arbeit in Kindereinrichtungen aus, die als roter Faden des Kriterienkatalogs gelten:

1. Kinder sind aktive Lerner
2. Kinder lernen in sozialen Zusammenhängen
3. Kinder lernen durch spielerische Aktivität und aktives Spiel
4. Emotionale Sicherheit und Zuwendung bieten die Basis für kindliche Lernprozesse und die Entwicklung des Selbst
5. Kinder lernen durch Teilhabe und Aushandlung
6. Kinder haben das Recht auf Anerkennung ihrer Individualität
7. Die Erzieherin ist Gestalterin einer anregenden Lern- und Erfahrungsumwelt
8. Die Erzieherin ist Dialogpartnerin und Impulsgeberin
9. Die Kindertageseinrichtung sichert allen Kindern – unabhängig von Herkunft, Geschlecht und sozialem Status – Lern- und Entwicklungschancen
10. Die pädagogische Arbeit orientiert sich an der Lebenswelt und am Bedarf von Kindern und ihren Familien (vgl. Tietze; Viernickel, 2002, S. 27f).

4.3. Maßstäbe für die Formulierung der Qualitätskriterien

Bei der Formulierung der Qualitätskriterien wurde Wert darauf gelegt, dass sie

- „(...) allgemein genug sind, um unterschiedliche Einrichtungsformen und -konzepte abdecken zu können;
- spezifisch genug sind, um beobachtbar, erfragbar und somit beurteilbar zu sein;
- ausreichend präzise sind, um die eigenständige inhaltliche Bedeutung der einzelnen Komponenten zu erfassen;
- umfassend genug sind, um individuellen Variationen gerecht werden zu können."

(Tietze, 1999, S. 11)

Ferner wurde sich bei der Formulierung der Qualitätskriterien darauf konzentriert, dass sie schwerpunktmäßig auf der Ebene der Prozessqualität verortet sind. Denn die hinter dem QKK stehende Absicht war die Formulierung von „Orientierungsmarken für die pädagogische Arbeit in den Einrichtungen sowie für deren Verbesserung" (Tietze, 1999, S. 31), deren Umsetzung vorwiegend im Handlungsbereich und der Verantwortung der Einrichtungsteams liegt. Daneben wurden zwar auch die beiden anderen Qualitätsebenen – die Struktur- und Orientierungsqualität – berücksichtigt, allerdings mit geringerem Gewicht.

4.4. Der Aufbau des Qualitätskriterienkatalogs

Der QKK gliedert die Qualität von Kindertageseinrichtungen nach zwei Hauptdimensionen.

Die erste Dimension stellt 20 Qualitätsbereiche dar, die zentrale Gebiete pädagogischer Arbeit in der Einrichtung, inklusive der sie unterstützenden Prozesse wie Organisation und Verwaltung oder Kooperation mit den Familien (vgl. Tietze; Viernickel, 2002, S. 29) repräsentieren sollen (vgl. Abb. 1, S. 23). In der täglichen Arbeit in der Tageseinrichtung beziehen sich diese Bereiche meist aufeinander. Um die Qualitätskriterien jedoch übersichtlich darstellen zu können, wurden diese Bereiche im QKK gruppiert: Die ersten zwei Qualitätsbereiche beziehen sich auf die räumliche und zeitliche Struktur der Arbeit in der Tageseinrichtung. Eine folgende Gruppe von Qualitätsbereichen, die Bereiche 3-6, betreffen die pädagogische Gestaltung von Routinen, sowie die Sicherheit in der Einrichtung. Nun folgen zehn Qualitätsbereiche, „die die Bildungsarbeit in der Tageseinrichtung im engeren Sinn repräsentieren" (Tietze; Viernickel, 2002, S. 31). Die nächste Gruppe thematisiert drei

Qualitätsbereiche, die sich auf die Zusammenarbeit zwischen Einrichtung und Familien beziehen, sowie die Eingewöhnung in der Kindertageseinrichtung beschreiben. Der letzte Qualitätsbereich behandelt die Rolle der Leitung der Einrichtung.

Abb. 1: Die 20 Qualitätsbereiche des QKK

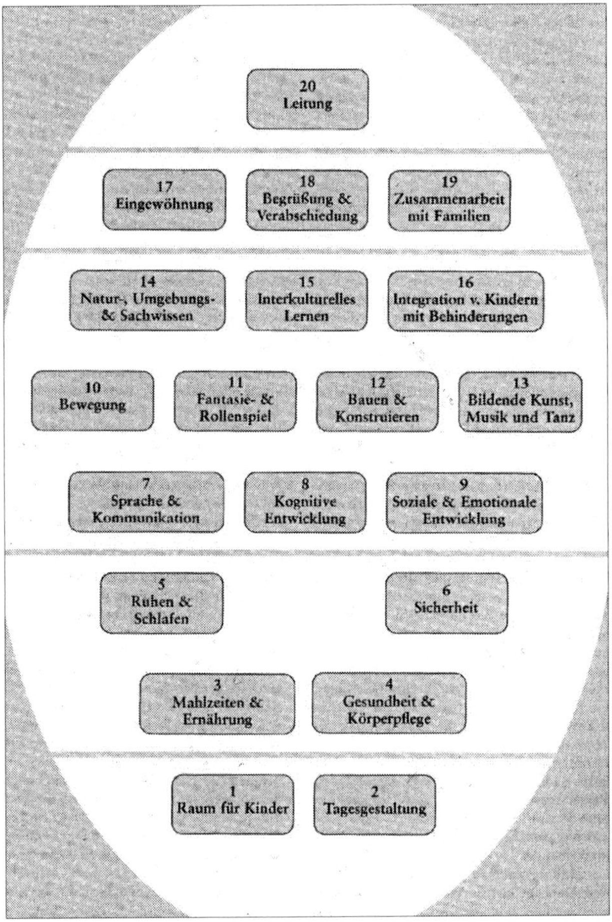

(Tietze; Viernickel, 2002, S. 30)

Die zweite Hauptdimension stellen die so genannten Leitgesichtspunkte dar. Denn alle Qualitätsbereiche sind intern, sozusagen quer zu den Qualitätsbereichen, wiederum nach diesen sechs Leitgesichtspunkten geordnet[5]. Sie stellen den inneren Ordnungsrahmen für die Qualitätsbereiche und die pädagogische Orientierung des QKK's dar. Namentlich heißen sie: 'Räumliche Bedingungen', 'Erzieherinnen-Kind-Interaktion', 'Planung', 'Nutzung und Vielfalt von Material', 'Individualisierung', 'Partizipation'.

Sie stehen unter anderem dafür, dass dem Lernen und selbstständigen Erkunden des Kindes ein breiter Raum eingeräumt wird, dass die Interaktionen zwischen den Kindern und der Erzieherin von Respekt geprägt sind, den Lernprozessen ein hoher Stellenwert zukommt, die Individualität des Kindes anerkannt und gefördert wird und dass die Teilnahme der Kinder an Entscheidungsprozessen grundlegend für die pädagogische Arbeit ist.

Bevor sich jedoch mit dem Qualitätsbereich 'Interkulturelles Lernen' in diesem Kriterienkatalog beschäftigt wird, soll zunächst, nach der Abbildung der 20 Qualitätsbereich des QKK, zur Bereitstellung eines theoretischen Rahmens, im anschließenden Teil B auf das Themenfeld des interkulturellen Lernens sowie spezifisch auf interkulturelles Lernen in der Frühpädagogik eingegangen werden.

---

[5] In einzelnen Qualitätsbereichen kommen allerdings nicht alle Leitgesichtspunkte vor.

Interkulturelles Lernen

5. Interkulturelles Lernen – Grundlagen

Die multikulturelle Gesellschaft birgt vielfältige Problempotentiale. Viele der Probleme, die innerhalb einer solchen Gesellschaft entstehen können, treten auch in Deutschland auf. Exemplarisch sollen hier die ungleiche Chancenverteilung zwischen Mehr- und Minderheit (vgl. Preissing, 2003b, S. 14-27), die Probleme bei der sozialen Integration der Zugewanderten (vgl. Heiderich; Rohr, 2000, S. 181-191) und der Rechtsextremismus (vgl. Kap. 5.1.4.) genannt werden.

Die „Interkulturelle Erziehung gilt als Antwort auf die multikulturelle Gesellschaft" (Marschke, 2003, S. 61). Ihre Ausgangssituation ist somit die kulturelle Pluralität oder Heterogenität innerhalb einer Gesellschaft. Zudem liegt ihr, da sie als Antwort auf solch eine Gesellschaft bezeichnet wird, die Frage zugrunde, wie die Pädagogik innerhalb einer multikulturellen Gesellschaft beschaffen sein muss. Interkulturelles Lernen soll also eine Antwort darauf geben, wie der kulturellen Pluralität oder Heterogenität innerhalb einer Gesellschaft pädagogisch begegnet werden kann.

Daher muss sie versuchen Antworten darauf zu geben, wie angemessen mit multikulturellen Gruppenzusammensetzungen umgegangen werden kann, aber auch darauf, wie Mehrheits- sowie Minderheitenkinder auf ein konfliktfreies, gleichberechtigtes und erfolgreiches Zusammenleben in einer multikulturellen Gesellschaft vorbereitet werden können.

In diesem Kapitel soll daher zunächst die Notwendigkeit interkulturellen Lernens in Deutschland anhand der Darstellung von gesellschaftlichen Entwicklungen präzisiert und dann die Genese interkulturellen Lernens beschrieben, die grundlegenden Begrifflichkeiten Kultur, interkulturelle Identität und interkulturelles Lernen geklärt sowie schließlich die Ziele interkulturellen Lernens dargestellt werden.

5.1. Gesellschaftliche Entwicklungen

Da im allgemeinen Sprachgebrauch der Ausdruck multikulturelle Gesellschaft „nicht viel mehr als die Tatsache [bezeichnet], dass in der Bundesrepublik Deutschland Migranten und Einheimische leben" (Barth, 1998, S. 11), gilt interkulturelles Lernen als das "Zusammen-Lernen" von Migranten- und einheimischen Kindern in den Bildungsinstitutionen sowie als Reaktion auf die durch die Migration der letzten Jahrzehnte entstandenen gesellschaftlichen Probleme.

Daher wird zunächst ein Blick auf die Zuwanderung in die Bundesrepublik geworfen und im Folgenden der Ausländeranteil[6] Deutschlands dargestellt. Im Anschluss werden Prognosen über die demografische Entwicklung Deutschlands im Hinblick auf Migration vorgestellt und schließlich auf die Entwicklung rechtsextremer Orientierungen und Handlungen in Deutschland eingegangen.

5.1.1. Zuwanderung nach Deutschland

Die diesbezügliche Lage in Deutschland ist eindeutig: „Deutschland ist ein Einwanderungsland. Migration ist nicht nur ein komplexes und universales Phänomen der Gegenwart, sondern auch der Vergangenheit und der Zukunft" (Marschke, 2003, S. 1). Auch wenn Deutschland aufgrund seiner Geschichte nicht, wie bspw. Frankreich oder die Vereinigten Staaten, als klassisches Einwanderungsland bezeichnet werden kann, kann die Tatsache, dass die Bundesrepublik ein Einwanderungsland ist, aufgrund der Migration in die Bundesrepublik in den letzten Jahrzehnten nicht länger bestritten werden. „Fakt ist jedenfalls, dass durch Asylbewerber, Aussiedler und nachziehende Familienangehörige die Bundesrepublik Deutschland längst ein Einwanderungsland geworden ist" (Heiderich; Rohr, 2000, S. 38).

Von Migration wird gesprochen, „wenn eine Person ihren Lebensmittelpunkt über eine sozial bedeutsame Entfernung verlegt, von internationaler Migration wenn dies über Staatsgrenzen hinweg geschieht" (Beauftragte der Bundesregierung für Migration, Flüchtlinge und Integration, 2004, S. 5).[7] „Trotz der großen Zahl von Vertriebenen und des jährlichen Zuzugs hunderttausender DDR-Bürger konnten bereits in den 50er Jahren in einigen westdeutschen Branchen Arbeitsplätze nicht mehr besetzt werden" (Münz u.a., 1999, S. 43). Daher begann die westdeutsche Wirtschaft zu dieser Zeit in Südeuropa so genannte Gastarbeiter anzuwerben. In Folge schloss die Bundesrepublik 1955 ein entsprechendes Abkommen mit Italien und während der 60er Jahre folgten vergleichbare Vereinbarungen mit Spanien, Griechenland, der Türkei, Marokko, Portugal, Tunesien und Jugoslawien. Aufgrund des anhaltenden "Wirtschaftswunders" wuchs die Zahl der in der Bundesrepublik leben-

---

[6] Da der Ausdruck "Ausländer" im öffentlichen Sprachgebrauch häufig mit einer negativen Konnotation versehen ist sowie an das Aussehen geknüpft wird (fremde Ethnie= fremde Nationalität), würde der Autor den Ausdruck „Personen mit nicht- deutscher Staatsangehörigkeit" bevorzugen. Da der offizielle Begriff jedoch "Ausländer" lautet, wird er in diesem Kapitel beibehalten.

[7] Im Folgenden wird stets, dem allgemeinen Verständnis entsprechend, von internationaler Migration die Rede sein, die Binnenmigration innerhalb Deutschlands wird somit ausgeschlossen.

den Personen ohne deutschen Pass rasch an, so dass bereits 1973 fast 4 Mio. Ausländer/innen in Westdeutschland lebten (vgl. Anhang). Zweck der Anwerbung war die Beseitigung konjunktureller und demographischer Engpässe auf dem Arbeitsmarkt. Dies hatte zur Folge, dass nur Personen in die Bundesrepublik geholt wurden, für die auch Arbeit vorhanden war: „überwiegend schlecht bezahlte, wenig prestigeträchtige und unattraktive Arbeit, für die sich Bundesdeutsche kaum interessierten" (Münz u.a., 1999, S. 46f).

In der DDR spielte die Beschäftigung von Personen anderer Nationalität indessen nie eine so wichtige Rolle wie in Westdeutschland. Es wurden zwar gleichfalls so genannte Vertragsarbeiter/innen aus staatssozialistischen Ländern Mitteleuropas und später aus Kuba, Mosambik und Vietnam in die DDR geholt, die Zahl der Vertragsarbeiter/innen stieg jedoch selbst Ende der 80er Jahre nie über 200.000 an. Ein Grund dafür war die konsequente Auslegung des Rotationsprinzips nach dem fast alle Arbeitsmigrant/innen nach Ablauf einer vereinbarten Frist in ihre Heimatländer zurückkehren mussten.

In der Bundesrepublik verlor dieses Rotationsprinzip indes ab Ende der 60er Jahre zunehmend an Akzeptanz und Durchsetzbarkeit: Die Arbeitsmigrant/innen konnten ihr selbst gesetztes Sparziel nicht innerhalb der genehmigten Aufenthaltsdauer von ein bis zwei Jahren erreichen, für die Arbeitgeber/innen brachte die ständige Rotation ihrer ausländischen Belegschaft wesentliche Nachteile mit sich, so z. B. dass die Arbeiter/innen immer wieder neu angelernt werden mussten, und die Kritik der Anwerbeländer sowie der Gewerkschaften und anderer gesellschaftlicher Gruppen an diesem Prinzip wurde zunehmend vehement formuliert. Daher reagierte die Bundesregierung 1971 indem sie die Verlängerung der Aufenthaltsgenehmigungen erleichterte. Aufgrund dessen entschieden sich nun etliche Arbeitsmigrant/innen dazu, auf Dauer in der Bundesrepublik zu bleiben und viele davon holten hierfür ihre Ehefrauen und Kinder zu sich. Es kam also in Folge zu einem vermehrten Nachzug von Familienangehörigen.

Nachdem unter dem Einfluss fremdenfeindlicher und rechtspopulistischer Bewegungen bereits in der Schweiz (1970) und Schweden (1972) die Gastarbeiter/innenanwerbung deutlich begrenzt worden war, bedeutete dann das Jahr 1973 einen wesentlichen Einschnitt für die Zuwanderung nach Deutschland: Zunächst verdreifachte die Bundesregierung die von den Unternehmen zu zahlenden Anwerbegebühren für Gastarbeiter/innen und verordnete schließlich nach dem OPEC-Ölembargo im Oktober, in Zeiten des Ölpreisschocks und der darauf folgenden Rezession, die Beendigung der Anwerbung von Arbeitsmigrant/innen (Anwerbestopp). Dieser „Anwerbestopp zielte als Teil eines Maßnahmenpaketes auf eine Konsolidierung und Verringerung der Ausländerbeschäftigung in Deutschland" (Münz u.a., 1999, S. 49).

In den folgenden 14 Jahren pendelten sich die Zuwanderungszahlen der Bundesrepublik auf einem so niedrigen Niveau ein, dass zeitweilig sogar mehr Personen ohne deutschen Pass aus- als zuwanderten. Der gesamte Zuwanderungssaldo dieses Zeitraums gestaltet sich dennoch positiv, aber die Zahl der in Westdeutschland lebenden Personen ohne deutschen Pass stieg in dieser Zeit lediglich um rund 500.000 an.

Nach 1987 kam es jedoch erneut zu einer starken Zuwanderungsbewegung in die Bundesrepublik. Gründe dafür waren die steigende Anzahl von Asylbewerber/innen, der Fall des "Eisernen Vorhangs", der Krieg im ehemaligen Jugoslawien und die Situation im kurdischen Teil der Türkei. Zudem trugen die gute ökonomische Lage Ende der 80er Jahre und der kurze, durch die Wiedervereinigung hervorgerufene Wirtschaftsboom 1990/91 zur Beschäftigung ausländischer Arbeitskräfte bei. Diese erneut starke Zuwanderung hatte zur Folge, dass sich die Zahl der in Deutschland lebenden Personen ohne deutsche Staatsangehörigkeit von 1988 bis 1997 um 2,8 Mio. Menschen erhöhte. „1988 lebten 4,5 Mio. Ausländer in Deutschland, 1997 waren es bereits 7,3 Mio." (Münz u.a., 1999, S. 52).

In den Jahren 1997 und 1998 kam es, da sich die wirtschaftliche und politische Situation wieder beruhigt hatte, nur zu einem jährlichen Zuzug von 140.000 ausländischen Staatsangehörigen, so dass die Zahl der Zuzüge von Ausländer/innen nach Deutschland abermals unter die Zahl der Fortzüge sank. „Seit 1999 ist der Wanderungssaldo der ausländischen Migranten wieder positiv. Im Jahr 2002 zogen insgesamt 843.000 Personen zu, während 623.00 das Land verließen" (Beauftragte der Bundesregierung für Migration, Flüchtlinge und Integration, 2004, S. 8).

Es lässt sich also zusammenfassen, dass in den vergangenen 40 Jahren im Durchschnitt jährlich rund 160.000 ausländische Menschen nach Deutschland gezogen sind, wobei die Wanderungsbewegungen aufgrund politischer Entscheidungen (bspw. Anwerbestopp) und Situationen (bspw. Krieg) sowie wirtschaftlicher Faktoren (bspw. Wirtschaftsboom) starken Schwankungen unterlagen.

Zu betonen sei, dass von 1991 bis 2002 immerhin mehr als 20% der Zuwanderung als Zuzug von Deutschen gewertet wurde. Hierzu zählen, neben den Personen die bereits im Ausland die deutsche Staatsangehörigkeit besaßen und in die Bundesrepublik zurückkehrten, indes auch Personen, die im Rahmen des Spätaussiedlerzuzugs nach Deutschland kamen und erst bei ihrer Ankunft in der Bundesrepublik die deutsche Staatsangehörigkeit erhielten. „Diese Personen [...] haben zu einem erheblichen Teil, insbesondere wegen unzureichender Beherrschung der deutschen Sprache, Integrationsprobleme, die mit denen von Ausländern vergleichbar sind" (Beauftragte der Bundesregierung für Migration, Flüchtlinge und Integration 2004, S. 8).

Auch zukünftig wird es zu Zuwanderung nach Deutschland kommen und kommen müssen. Gründe dafür sind die Zunahme der ökonomischen Internationalisierung und der Globalisierung multinationaler Konzerne, die Familienzusammenführung und dass Deutschland als geopolitisch stabiles Land weiterhin das Ziel von Asylbewerber/innen sein wird. Weiterhin wird es auch aufgrund des Geburtenrückgangs und der Verschiebung der Alterspyramide zu Migration nach Deutschland kommen müssen (vgl. Kap. 5.1.3.) und somit der Ausländeranteil Deutschlands weiter steigen.

5.1.2. Ausländeranteil in Deutschland

Tab. 1: Bevölkerung und Ausländeranteil in Deutschland nach Bundesländern im Jahr 2000:

Bundesland	Bevölkerung gesamt	Ausländische Bevölkerung	
			Ausländeranteil
Baden-Württemberg	10.524.415	1.284.142	12,20%
Bayern	12.230.255	1.132.296	9,26%
Berlin	3.382.169	434.268	12,84%
Brandenburg	2.601.962	62.282	2,39%
Bremen	660.225	78.764	11,93%
Hamburg	1.715.392	261.886	15,27%
Hessen	6.068.129	721.167	11,88%
Mecklenburg-Vorpommern	1.775.703	33.583	1,89%
Niedersachsen	7.926.193	526.077	6,64%
Nordrhein-Westfalen	18.009.865	1.998.154	11,09%
Rheinland-Pfalz	4.034.557	302.436	7,50%
Saarland	1.068.703	87.340	8,17%
Sachsen	4.425.581	106.584	2,41%
Sachsen-Anhalt	2.615.375	44.155	1,69%
Schleswig-Holstein	2.789.761	151.783	5,44%
Thüringen	2.431.255	42.651	1,75%
Bundesgebiet gesamt	**82.259.540**	**7.267.568**	**8,83%**

(www.bafl.de)

Der Ausländeranteil Deutschlands liegt seit 1995 zwischen 8,8% bis 9,0%. Zum Ende des Jahres 2000 lebten etwa 7,3 Mio. Personen mit nicht-deutscher Staatsangehörigkeit in der Bundesrepublik. Die größte Gruppe stellten dabei die Personen mit der türkischen Staatsangehörigkeit (27,4%), 1,8 Mio. waren Bürger eines Mitgliedsstaates der EU (25,7%) und 9,1% besaßen die Staatsangehörigkeit Jugoslawiens (Serbien/ Montenegro). Gefolgt werden diese Gruppen von den Staatsangehörigen Polens (4,1%).

Der Ausländeranteil unterscheidet sich dabei stark zwischen den einzelnen Bundesländern und Großstädten Deutschlands (vgl. Anhang). In den neuen Bundesländern ist der Ausländeranteil deutlich geringer als in den alten Bundesländern. Die neuen Bundesländer verfügten im Jahr 2000 über einen Ausländeranteil von 1,69% bis 2,41%, wohingegen die Stadtstaaten Hamburg (15,27%) und Berlin (12,84%) in diesem Jahr den höchsten Ausländeranteil aufwiesen. Bei den Flächenstaaten waren dies Baden-Württemberg (12,20%), Hessen (11,88%) und Nordrhein-Westfalen (11,09%).

5.1.3. Demografische Entwicklungen in Deutschland im Hinblick auf Migration

Bevölkerungsvorausberechnungen haben zum Ziel, „die Veränderungen in der Größe und – vor allem – im Altersaufbau der Bevölkerung [...] unter [...] realistischen Annahmen zu quantifizieren" (Statistisches Bundesamt, 2003, S. 5). Zunächst kann festgestellt werden, dass in Deutschland, wie in allen anderen Industrieländern, der Anteil der älteren Menschen an der Bevölkerung wächst. Verantwortlich hierfür sind die höhere Lebenserwartung und die niedrige Geburtenrate.

In Bezug auf die zukünftige Lebenserwartung geht das statistische Bundesamt in seiner '10. koordinierten Bevölkerungsvorausberechnung' von drei Annahmen über die "Entwicklungsdynamik der Lebenserwartung" für das Jahr 2050 aus: Nach der minimalen Annahme werden neugeborene Jungen und Mädchen im Jahr 2050 rund 4 bzw. 5 Jahre, nach der mittleren und maximalen Annahme beide Geschlechter 6 bzw. 7,5 Jahre älter als heute. Für die mittlere Annahme bedeutet dies, dass die durchschnittliche Lebenserwartung neugeborener Jungen im Jahr 2050 81,1 Jahre und für Mädchen 86,6 Jahre betragen wird (vgl. Anhang).

Die Geburtenhäufigkeit wird sich, nach Annahme des Bundesamtes, ab dem Jahr 2010 bei niedrigen 1,4 Kindern pro Frau stabilisieren. Das bedeutet, dass bis dahin die Geburtenhäufigkeit im früheren Bundesgebiet konstant bleibt sowie in den neuen Bundesländern ansteigt und sich an das Niveau der alten Bundesländer anpasst (vgl. Anhang).

Da die momentane niedrige Geburtenrate aber dazu führt, dass die Zahl der zukünftig potenziellen Mütter zunehmend sinkt, wird die Zahl der geborenen

Kinder weiter rasant abnehmen. Zur Verdeutlichung: Da es momentan nur wenige Kinder gibt, die zukünftig selbst Kinder bekommen könnten (wenige potenzielle Mütter), wird sich die Zahl der Geborenen in der folgenden Generation noch weiter rapide verringern usw. Hier existiert also in gewisser Weise ein "Teufelskreis" (vgl. Anhang).

Des Weiteren wird es in den kommenden fünf Jahrzehnten zu einer Steigerung der jährlichen Sterbefälle kommen, da die geburtenstarken Jahrgänge der Jahrzehnte nach Kriegsende in hohe Altersgruppen hineinwachsen.

Es lässt sich also feststellen, dass die Zahl der Verstorbenen diejenige der Geborenen künftig zunehmend übersteigen wird, so dass die Bevölkerungszahl immer weiter schrumpft. „Je nach Variante der Vorausberechnung wird die Bevölkerungszahl zum Jahr 2050 zwischen 67 und 81 Mio. betragen" (Statistisches Bundesamt, 2003, S. 6).

Dementsprechend wird sich das Verhältnis zwischen den Personen im dienstfähigen Alter und den Senioren, der so genannte Altenquotient, ändern. „Bei minimal angenommener Alterung [...] werden im Jahr 2050 71 60-Jährige und ältere Menschen 100 20-bis 59-Jährigen gegenüberstehen. 2001 waren es lediglich 44" (Statistisches Bundesamt, 2003, S. 7) (vgl. Anhang).

Um zumindest zu dieser „minimal angenommenen Alterung" beizutragen, wird es zukünftig, rein aus wirtschaftlichen Gründen, zu einer Erhöhung des Zuwanderungssaldos kommen müssen (vgl. Anhang). „Mit einer jährlichen Zuwanderung von 300.000 Menschen könnte die Gesamtzahl der Bevölkerung in Deutschland bei rund 80 Millionen nahezu konstant gehalten werden" (www.verdi.de, 2003, S. 9). Die Prognosen zum zukünftigen Wanderungssaldo gehen also davon aus, dass die Zahl der Migrant/innen in den nächsten fünf Jahrzehnten um 5 bis 15 Mio. ansteigen wird.

Abb. 2: Entwicklung der Bevölkerungszahl in Deutschland:

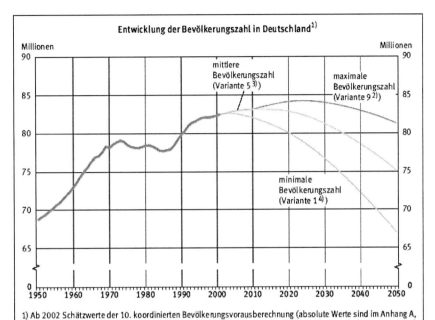

Entwicklung der Bevölkerungszahl in Deutschland[1]

1) Ab 2002 Schätzwerte der 10. koordinierten Bevölkerungsvorausberechnung (absolute Werte sind im Anhang A, Tabelle 11 aufgeführt). - 2) Variante 9: Hohe Wanderungsannahme W3 (jährlicher Saldo von mindestens 300 000) und hohe Lebenserwartungsannahme L2 (durchschnittliche Lebenserwartung 2050 bei 83 bzw. 88 Jahren). - 3) Variante 5: Mittlere Wanderungsannahme W2 (jährlicher Saldo von mindestens 200 000) und mittlere Lebenserwartungsannahme L2 (durchschnittliche Lebenserwartung 2050 bei 81 bzw. 87 Jahren). - 4) Variante 1: Niedrige Wanderungsannahme W1 (jährlicher Saldo von mindestens 100 000) und niedrige Lebenserwartungsannahme L1 (durchschnittliche Lebenserwartung 2050 bei 79 bzw. 86 Jahren).

Statistisches Bundesamt 2003 - 15 - 0217

(statistisches Bundesamt, 2003, S. 26)

Die Zuwanderung kann den Trend der Alterung der Gesellschaft jedoch lediglich abmildern, da die Migrant/innen schließlich auch selbst altern. Aufgrund des demographischen Wandels könnte „nur durch eine jährliche Zuwanderung von 3,4 Millionen Menschen […] das Zahlenverhältnis von Erwerbsfähigen und Menschen über 65 Jahren auf dem heutigen Niveau konstant gehalten werden" (www.verdi.de, 2003, S. 9). Dies würde aber bedeuten, dass im Jahr 2050 rund 300 Mio. Menschen in Deutschland leben. Lösungen sind also von Nöten. In jedem Falle muss es zu einem höheren Zuwanderungsniveau kommen, um den demografischen Trend zumindest vorläufig abzumildern.

5.1.4. Rechtsextremistische Orientierungen und Handlungen

Während in den 70er Jahren und bis weit in die 80er Jahre Rechtsextremismus in Deutschland kaum ein Thema des öffentlichen Interesses war, wird seit dem Ende der achtziger Jahre in erster Linie aufgrund der Wahlergebnisse „für nationalpopulistische und rechtsextreme Parteien, erst recht aber seit dem Schock von Hoyerswerda und anderer Gewaltexzesse in der Folgezeit dem Thema hochrangige Aufmerksamkeit gezollt" (Möller, 2000, S. 13).

Zusammenfassend hält Möller fest: „Rechtsextremismus erlebt Ende der 80er/ Anfang der 90er Jahre in Deutschland einen rasanten Aufschwung" (Möller, 2000, S. 13). Dies gälte sowohl für Zuwächse auf der organisierten Ebene als auch für unorganisierte politische Einstellungen und Handlungen, die sich zeitweilig in zum Teil gravierenden Stimmengewinnen für Parteien von rechtsaußen bei Wahlen niederschlugen.

„Zentraler thematischer Kristallisationspunkt sind die mit der Migration verbundenen Probleme für Deutschland als Aufnahmegesellschaft, zu deren Lösung Abwehr und Ausgrenzung von Menschen anderer Nationalität propagiert wird" (Möller, 2000, S. 13f). Dabei hat sich seit den erschreckenden Gewaltexzessen im Sommer 1991 (www.tagesschau.de) die Zahl entsprechender Straftaten auf einem um ein Vielfaches erhöhten Niveau stabilisiert.

Nach Angaben des Bundesamtes für Verfassungsschutz stieg in der gleichen Zeit auch die Zahl der so genannten gewaltbereiten Rechtsextremist/ innen stetig an. Der „kontinuierliche Aufwärtstrend des Personenpotenzials gewaltbereiter Rechtsextremisten – zu denen insbesondere rechtsextremistische Skinheads zählen – [hielt] auch 1999 weiter an" (Bundesamt für Verfassungsschutz, 2000, S. 2). Für das Jahr 1999 rechnete der Verfassungsschutz mit ca. 9000 gewaltbereiten Rechtsextremist/innen, das waren fast 10% mehr als im Jahr 1998.

Dieser Trend nach rechts wird überdurchschnittlich durch Jugendliche und junge Erwachsene getragen. „Nach den dem BfV vorliegenden Erkenntnissen sind über zwei Drittel der ermittelten Gewalttäter Jugendliche und Heranwachsende" (Bundesamt für Verfassungsschutz, 2000, S. 3). Auch der Zuwachs von organisatorischen Zusammenschlüssen und Wählerstimmen wird wesentlich durch sie bewirkt.

Von den Akteuren des gewaltbereiten Rechtsextremismus besuchen viele noch die Schule, gehen in die Lehre oder verfügen über eine beendete Berufsausbildung. Rund ein Fünftel davon ist arbeitslos.

„Den Löwenanteil an rechter Gewalttätigkeit stellen Jungen und junge Männer" (Möller, 2000, S. 14). Nur ca. 5% der rechten Gewalt war weibliche Gewalt. Mädchen und junge Frauen spielen eher am Rande und in bestimmten Segmenten eine Rolle. Nach Möller reduziert sich der Geschlechterabstand allerdings auf der Ebene der politischen Gesinnung erheblich. Insbesondere in den alten Bundesländern zeigten sich quantitative Angleichungstendenzen (vgl. Möller, 2000).

Abb. 3: Rechtsextremistische Gewalttaten in Deutschland 1990-2000:

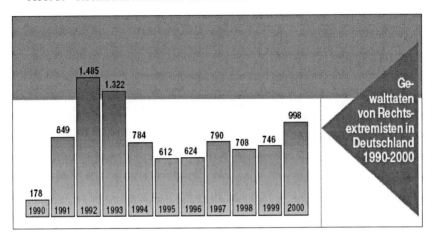

(Bundesamt für Verfassungsschutz, 2000, S. 3)

Im Jahr 1999 lebten über die Hälfte der rund 9000 gewaltbereiten Rechtsextremist/innen in den neuen Bundesländern. Gegenwärtig stellte das Bundesamt für Verfassungsschutz dort teilweise sogar „eine alltagskulturelle Dominanz gewaltbereiter Szenen" (Bundesamt für Verfassungsschutz, 2000, S. 3) fest.

Dieser Gewalt zugrunde liegende Einstellungen lassen sich indes nicht nur bei rechten Akteur/innen finden, sondern seien Studien zufolge auch weit innerhalb der bundesrepublikanischen Gesellschaft verbreitet.

„Einer Studie der EU zufolge sind 30% der bundesdeutschen Bevölkerung rassistisch oder sehr rassistisch. Besonders intolerant sind die junge Generation in Ostdeutschland und die älteren Generationen in Westdeutschland vorwiegend gegenüber muslimischen Zuwanderern" (Marschke, 2003, S. 69).

Es lässt sich also feststellen: „Die allgemein steigende Tendenz des gewaltbereiten Rechtsextremismus und Rassismus hat sich bestätigt" (Marschke, 2003, S. 69).

5.1.5. Interkulturelles Lernen als notwendiges pädagogisches Design für die Gegenwart und die Zukunft

Diese Trends verdeutlichen die Notwendigkeit interkulturellen Lernens in Gegenwart und Zukunft.

Deutschland ist ein Einwanderungsland und der multikulturelle Charakter der Bundesrepublik wird in Folge der Globalisierung und der demografischen Entwicklungen in den nächsten Jahrzehnten stetig anwachsen. Folglich sind die mit der Zuwanderung entstandenen Probleme für Deutschland als Aufnahmegesellschaft nicht temporär begrenzt.

Neben dem Rechtsextremismus, auf den unter 5.1.4. exemplarisch näher eingegangen wurde, stellt auch die ungleiche Chancenverteilung zwischen den Zugewanderten und der "deutschen" Bevölkerung eines dieser Probleme dar. Denn falls sich eine Gesellschaft den Grundwerten der Demokratie und den Menschenrechten verpflichtet fühlt, hat sie anzustreben, dass den Zugewanderten die gleichen Möglichkeiten geboten werden wie der "einheimischen" Bevölkerung. Dies ist in Deutschland jedoch gegenwärtig nicht der Fall. Denn trotz „jahrzehntelanger Bemühungen um Chancengleichheit gilt in der Bundesrepublik Deutschland beim Abschluss der allgemeinbildenden Schule nach wie vor, dass ein niedriger sozialer Status der Familie einen höheren Schulabschluss unwahrscheinlich macht" (Preissing, 2003b, S. 14). Weil die Mehrheit der „Ausländer [...] in der Bundesrepublik Deutschland [aber] zur so genannten Unterschicht [gehört], da sie vielfach untere Lohngruppen besetzen und oft in sehr einfachen Wohnquartieren untergekommen sind" (Heiderich; Rohr, 2000, S. 179), haben sie geringere Chancen auf einen höheren Schulabschluss, so dass ihre gesellschaftlichen Möglichkeiten von vornherein eingeschränkt sind.

Ein weiteres durch die Zuwanderung der letzten Jahrzehnte entstandenes Problem stellt die Integration der Zuwandererfamilien dar. Denn die Situation der in der Bundesrepublik Deutschland lebenden Personen ohne deutsche Staatsangehörigkeit zeichnet sich nicht durch deren gelungene Integration aus. Im Gegenteil: Deutsche und Nicht-Deutsche leben in erster Linie nebeneinander statt miteinander. Selbst bei den Jugendlichen zeigt sich ein solches Bild: „fast ein Viertel der jungen Deutschen bekundet, „überhaupt nicht" mit ausländischen Altersgenossen zu tun zu haben; fast die Hälfte (46,9%) gibt an „weniger häufig". Das sind zusammengenommen gut zwei Drittel" (Deutsche Shell, 2000, S. 222). Die Situation stellt sich hierbei wie folgt dar: Die Deutschen befinden sich in der Situation, ihre Ausbildung überwiegend in den höheren Bildungsinstitutionen absolvieren zu können oder einkommensstärkere Berufe auszuüben als die Personen mit nicht-deutscher Staatsangehörigkeit, deren Situation sich mehrheitlich durch einen niedrigeren Bildungsstand bzw. ein geringeres Einkommensniveau auszeichnet (vgl. Heiderich; Rohr, 2000, S. 183-187). Hier spielt insbesondere die Beherrschung der deutschen Sprache eine erhebliche Rolle. Durch sie fällt es einfacher, interkulturelle Freundschaften zu knüpfen oder einen (höheren) Schulabschluss, Ausbildungs- und Arbeitsplatz zu erlangen (vgl. Heiderich; Rohr, 2000, S. 181f), und vor allem dadurch lässt sich eine "gelungene" Integration erreichen.

„Aber Integration ist keine Einbahnstrasse [...]. In diesem Zusammenhang haben auch die Deutschen Defizite. Immer weniger sind bereit, sich für soziale und politische Belange [der Migrant/innenfamilien] einzusetzen" (Heiderich; Rohr, 2000, S. 187). Dies ist aber notwendig, falls deren Integration gelingen soll.

Dies sind nur einige der Probleme, die eine multikulturelle Gesellschaft birgt. Sie verdeutlichen allerdings eindrücklich, dass es in der Einwanderungsgesellschaft der Bundesrepublik Deutschland einer Pädagogik bedarf, die erstens angemessen mit multikulturellen Gruppenzusammensetzungen umgeht und zweitens die Mehrheits- sowie Minderheitenkinder auf ein konfliktfreies, gleichberechtigtes und für alle Seiten erfolgreiches Zusammenleben in einer dauerhaft multikulturellen Gesellschaft vorbereitet. Oder, wie es Marschke treffend formuliert: „Wir brauchen jetzt und in Zukunft die interkulturelle Kompetenz" (Marschke, 2003, S. 86).

5.2. Genese des interkulturellen Lernens

In nahezu allen Quellen zum interkulturellen Lernen wird auf die Entwicklung von der Ausländerpädagogik hin zum interkulturellen Lernen eingegangen. Die Ausländerpädagogik war die Reaktion der Pädagogik auf die Kinder der ab Mitte der 50er Jahre nach Deutschland zugewanderten Arbeitsmigrant/innen. „Nachdem bereits 1964 die allgemeine Schulpflicht für Kinder ausländischer Arbeitnehmer eingeführt worden war, entstanden zu Beginn der siebziger Jahre für Schulen und sozialpädagogische Einrichtungen neue Herausforderungen durch die ständig steigenden Zahlen ausländischer Kinder" (Böhm u.a., 1999, S. 14). In der Regel handelte es sich dabei um Kinder, die ihre ersten Lebensjahre im Herkunftsland der Eltern verbracht hatten und durch den Familiennachzug nach Deutschland immigriert waren.

Die Ausländerpädagogik konzentrierte sich lediglich auf diese immigrierten Kinder und ging von einem Defizitansatz aus: Die Immigrantenkinder fielen aufgrund ihrer fehlenden Kenntnisse der deutschen Sprache und Konventionen auf und daher musste versucht werden, diese Defizite zu beseitigen. Eine Berücksichtigung der Lebenswelten und Fähigkeiten dieser Kinder fand dabei kaum statt. Sie wurden von den deutschen Kindern separiert und in gewisser Weise diskriminiert, da sich diese Pädagogik ausschließlich auf deren Defizite bezüglich der deutschen Sprache und Konventionen konzentrierte und sie insofern wie „Wesen mit Mängeln" behandelt wurden.

Des Weiteren orientierte sich die Ausländerpädagogik an der Reintegration im Heimatland. D. h., einerseits sollte die Integration der Kinder vorangetrieben, aber andererseits die kulturelle Identität der Migrantenkinder gewahrt bleiben, um die Reintegration im Heimatland nicht zu erschweren. Dies bedeutete eine weitere Ausgrenzung und weiteren Druck auf diese Kinder. Marschke komprimiert daher wie folgt:

> „Das Konzept der Ausländerpädagogik basiert auf Separation und Assimilation. Die Ausländerpolitik fördert sowohl den Verbleib als auch die Rückkehr. Im Bildungsbereich wurden die Schüler durch Förderunterricht und Aufnahme in die Regelklassen zu integrieren versucht, gleichzeitig die Rückkehroption durch den muttersprachlichen Unterricht aufrechterhalten. Die Kinder der 'Gastarbeiter' wurden in nationalen Klassenverbänden separiert. Neben Sprachproblemen wurden die Schwierigkeiten der Ausländer auf kulturelle Traditionen begrenzt" (Marschke, 2003, S. 58f).

Mit der Zeit wurde dieser Ansatz jedoch, auch aufgrund der Tatsache, dass sich ein stärkeres Selbstbewusstsein auf Seiten der Immigrant/innen entwickelt hatte, immer vehementer kritisiert. Die Kritiken bezogen sich zentral auf die Defizitorientierung und die einseitigen Anpassungsforderungen an die Migrant/innenkinder. Zunehmend tauchte jetzt der Begriff der "interkulturellen Erziehung" in der pädagogischen Fachliteratur auf – zunächst hauptsächlich bei der Vorschulerziehung – und „Konzepte zur interkulturellen Bildung und Erziehung werden erstmals Anfang der 80er Jahre formuliert" (Senatsverwaltung für Schule, Jugend und Sport, 2001, S. 29).

In der Folgezeit entwickelten sich, u.a. aufgrund der vielfältigen Definitionen von Kultur, verschiedene „inhaltliche Strömungen, die, um im Bild zu bleiben, in ihrer Gesamtheit als Flusslandschaft interkulturelles Lernen gesehen werden können" (Nestvogel, 2002, S. 32). Zu nennen sind hiervon insbesondere die multikulturelle Erziehung (vgl. Modgil u.a., 1986), die antirassistische Erziehung, (vgl. Essed; Mullard, 1991) oder das Globale Lernen (vgl. Bühler, 1996; Forghani, 2001). Wie die Bezeichnungen verdeutlichen, differenzieren sich die Strömungen des interkulturellen Lernens in ihren unterschiedlichen konzeptuellen Akzentsetzungen.

5.3. Prämissen, Grundbegriffe und Ziele

Die Literatur zu interkulturellem Lernen ist breit gefächert. Sie bezieht sich auf unterschiedliche Ansätze, Ziele und Konzepte: „Prämissen, Grundbegriffe, pädagogische Aufgaben und Ziele bedürfen [...] noch der Klärung" (Auernheimer, 1998, S. 18). Im Folgenden wird dennoch versucht, einige dieser Prämissen, Grundbegriffe und Ziele zu klären. Denn dies muss zur Beantwortung der Ausgangsfrage dieser Arbeit – inwieweit die im Qualitätsbereich 'Interkulturelles Lernen' des QKK genannten Qualitätskriterien gute pädagogische Qualität im Themenfeld des interkulturellen Lernens darstellen – vorausgesetzt werden.

Hierfür werden in diesem Kapitel zunächst die grundlegenden Begrifflichkeiten Kultur und interkulturelle Identität geklärt. Darauf aufbauend wird eine Definition von interkulturellem Lernen aufgezeigt sowie exemplarische Ziele des interkulturellen Lernens vorgestellt.

5.3.1. Kultur

In den verwendeten Quellen wird stets auf die vielfältigen Definitionen von Kultur verwiesen. „Es gibt hundert verschiedene Definitionen von Kultur. Kultur ist Gegenstand mehrerer Disziplinen" (Auernheimer, 1999, S. 28). Auch im Bereich der interkulturellen Bildung existieren verschiedene Konzepte von Kultur. Im folgenden soll die Begriffsgeschichte für den Bereich der interkulturellen Bildung nachgezeichnet und somit auf einige in diesem Bereich gängige Konzepte von Kultur eingegangen sowie zu einem dieser Arbeit zugrunde liegenden Kulturbegriff gelangt werden.

Das Auftauchen des Begriffs "Kultur" – zunächst in der lateinischen Form "cultura", Ackerbau oder Urbanmachung (von "colere", hegen, bebauen, bearbeiten, pflegen) – reicht in die Anfänge der bürgerlichen Vergesellschaftung zurück, „als religiöse „Ordo"-Vorstellungen ihre normative Kraft verlieren und das Bewußtsein der Hergestelltheit und Herstellbarkeit der Welt wächst" (Auernheimer, 1999, S. 28).

Als bedeutsam für die folgende Begriffsgeschichte stellte sich insbesondere die von Cicero geprägte Bezeichnung der Philosophie als "cultura animi" heraus. Mit diesem Kulturbegriff mahnte er seine Zeitgenossen „zur Beackerung und Pflege des Geistes" (Perpeet, 1976, S. 1309). Im intentionalen Kern des antiken Kulturbegriffs stand zu jener Zeit folglich die Naturbeherrschung, wie sich auch durch das Begriffspaar "agricultura" und der "cultura animi" veranschaulichen lässt: „Aufgabe der Kultur ist die Naturbeherrschung im Menschen wie auch außerhalb seiner" (Thurn, 1979, S. 424). Mit Kultur wurde somit zunächst ein materieller Prozess bezeichnet, „der dann metaphorisch auf den Bereich des Geistes übertragen wurde" (Eagleton, 2002, S. 7).

Erst im 17. Jahrhundert ist bei dem Naturrechtslehrer Pufendorf zum ersten Mal vom Gegensatzpaar natura - cultura die Rede (vgl. Perpeet, 1976; Thurn, 1979): „Er begriff den Naturzustand nicht mehr theologisch als den paradiesischen Urzustand Adams, sondern [...] als einen glücklosen Zustand außerhalb der Gesellschaft. Diesem so verstandenen status naturalis setzte er den status der cultura entgegen" (Perpeet, 1971, S. 1309).

Inzwischen geht das gängige Verständnis von Kultur auf Herder zurück, der den Kulturbegriff sehr weit fasste. Bei ihm wird Kultur als ein organisches Gefüge bestehend aus den Attributen Sprache, Denken, Wahrnehmen, Habitus und Institutionen sowie materiellen Entwicklungen wie der Kunst, Musik und Architektur verstanden. Kultur gilt in diesem Verständnis als der homogene

Ausdruck eines Volkes bzw. einer Nation (Volks- bzw. Nationalkultur), der dessen "Charakter" zum Vorschein bringt sowie auf das "Wesen" des jeweiligen Volkes hinweist und feststehend ist (vgl. Herder, 1989). Auch bei Rommelspacher wird dieses Verständnis (ohne Rückgriff auf die "materiellen Entwicklungen") deutlich. Sie versteht Kultur in einem umfassenden Sinn,

„(...) als das Ensemble gesellschaftlicher Praxen und gemeinsam geteilter Bedeutungen, in denen die aktuelle Verfasstheit der Gesellschaft, insbesondere ihre ökonomischen und politischen Strukturen, und ihre Geschichte zum Ausdruck kommen. Sie bestimmt das Verhalten, die Einstellungen und Gefühle aller, die in dieser Gesellschaft leben, und vermittelt so zwischen gesellschaftlichen und individuellen Strukturen" (Rommelspacher, 1995, S. 22).

Sie macht allerdings, in Bezug auf Erdheims Kulturbegriff (vgl. Erdheim, 1992), zusätzlich deutlich, dass die Darstellung von Kultur als ein feststehendes nationales oder völkisches Konstrukt zu kurz greift. Denn Kultur entstehe „in der Auseinandersetzung mit Fremden. Sie stellt das Produkt der Veränderung des Eigenen durch die Aufnahme des Fremden dar. [...] Was deutsch ist, ist ebenso wenig ein für allemal festgelegt, wie alle anderen ethnischen Bestimmungen" (Rommelspacher, 1995, S. 137). Aufgrund dieser, insbesondere durch die Migrationsforschung gestützten Erkenntnis (Pfluger-Schindlbeck; 1989, Schiffauer, 1991), wurde der in der interkulturellen Bildung momentan überwiegend gängige Kulturbegriff im Vergleich zum Herderschen um eine dynamische Komponente erweitert. D.h., dass Kultur dort inzwischen als ein veränderliches Konstrukt aufgefasst wird. Denn „Traditionen können verschwinden und neu entstehen oder sogar „erfunden" werden, so dass darin keine feste Substanz, kein gleichbleibendes „Wesen" eines oder einer Nation zu erkennen ist" (Gemende u.a., 1999, S. 13). In diesem Verständnis stellt jedoch nicht nur der Austausch mit "Fremden" die Triebkraft des Wandels von Kultur dar, sondern auch soziale, ökonomische und technologische Neuerungen, da diese ebenso Veränderungen der Traditionen und Lebensweisen bedingen. Kultur ist somit nicht als statisch sondern als das Ergebnis eines Aushandlungsprozesses mit Fremdem bzw. Neuem, also als prozesshaftig, zu begreifen.

„Aus der Auseinandersetzung mit den Lebensbedingungen unter bestimmten gesellschaftlichen Verhältnissen hervorgegangen, wird sie in dieser Auseinandersetzung in Anknüpfung an die jeweils vorgefundenen Traditionen ständig neu geschaffen. Darin liegt ihre Unabgeschlossenheit und Prozesshaftigkeit begründet" (Auernheimer, 1990, S. 112).

Des Weiteren wurde der Herdersche Kulturbegriff, wie er im Themenfeld der interkulturellen Bildung dominiert, aufgrund der innerhalb von Nationen oder "Völkern" existierenden Heterogenität erweitert. Denn der Kulturvergleich hätte gezeigt, „dass es kein einheitliches, für alle verbindliches Ensemble von Merkmalen gibt, dass eine Kultur oder Nation bestimmt. Jede

Gruppe definiert sich über andere Merkmale" (Gemende u.a., 1999, S. 13). Kultur sei vielmehr in verschiedene (zum Teil gegenläufige) Gruppen und Strömungen differenziert und enthalte „eine Schichtung verschiedener kultureller Ebenen, die von transnationalen Strömungen (z. B. Weltreligionen) über nationale und regionale bis hin zu subkulturellen Bewegungen reicht" (Gemende u.a., 1999, S. 13).

Basierend auf dieser Erkenntnis, dass Kulturen nicht als feststehend und homogen sondern als sich in einem wechselseitigen Austauschprozess prozesshaftig und in sich differenziert zu verstehen seien, wurde ausgehend vom Herderschen Kulturbegriff zum so genannten "erweiterten Kulturbegriff" gelangt. Dieser hat sich nach Grosch und Leenen als besonders geeignet erwiesen, Prozesse der Kulturbegegnung und Schwierigkeiten der Kulturvermittlung zu analysieren (vgl. Grosch; Leenen, 1998, S. 33).

Kultur ist demnach

„(…) ein für größere Gruppen von Menschen gültiges Sinnsystem oder [...] die Gesamtheit miteinander geteilter verhaltensbestimmender Bedeutungen. In Fortführung [...] könnte man Kultur auch als das einer Gruppe gemeinsame Wissen (was die miteinander geteilten Verhaltensstandards einschliessen würde) kennzeichnen, d. h. als die im Bewusstsein der Mitglieder dieser Kultur verankerten Erwartungen hinsichtlich üblicher oder angemessener Denk-, Gefühls-, und Verhaltenskonfigurationen" (Grosch; Leenen, 1998, S. 33).

Solch ein Kulturbegriff hat folgende Kennzeichen:
- Kultur liegt nur teilweise offen, denn die entscheidenden Bereiche liegen im Bewusstsein der Subjekte und äußern sich in Handlungen.
- Der Akzent liegt nicht auf den Erzeugnissen der Kultur wie Künsten oder philosophische Theorien sondern auf der Alltagskultur.
- Kultur ist ein kollektives Phänomen, das aber, obwohl „Ethnisierungsprozesse versuchen, nur eine, meist nationale Kulturzugehörigkeit als die eigentliche oder wesentliche herauszustellen und die Bedeutung weiterer kultureller Gemeinsamkeiten zu negieren" (Grosch; Leenen, 1998, S. 33), nicht zwangsläufig als ethnisch aufzufassen ist. Somit können nationale und regionale Kulturen, aber auch Kulturen von bestimmten sozialen Schichten oder Milieus unterschieden werden: „it may refer to the culture of a particular class or group: high culture, aristocratic culture, working-class culture, regional culture" (Aldrich; Green, 1995, S. 25). Ebenso lassen sich Kulturen von Organisationen oder Berufsgruppen unterscheiden.
- Kultur kann ein Zugehörigkeitsgefühl hervorrufen und zur Entwicklung der Identität beisteuern.
- Kultur ist, wie bereits angesprochen, nicht statisch sondern muss als Prozess, als ständige Weiterentwicklung verstanden werden und wird bei dieser Veränderung wiederum durch andere Kulturen beeinflusst.

Aufgrund der auch innerhalb so verstandener Kulturen existierenden Heterogenität fassten andere Autor/innen diesen Kulturbegriff noch enger. Kultur ist für sie auf einer "individuelleren Ebene" zu verorten. So besteht bspw. eine intrakulturelle Vielfalt von Familienkulturen, Berufskulturen, Regionalkulturen etc.

Daher soll sich in dieser Arbeit auf die Definition von Kultur nach Auernheimer bezogen werden, welcher Kultur als „das Orientierungssystem, das unser Wahrnehmen, Bewerten und Handeln steuert, das Repertoire an Kommunikations- und Repräsentationsmitteln, mit denen wir uns verständigen, uns darstellen, Vorstellungen bilden" (Auernheimer, 1999, S. 28) versteht. Denn diese Definition enthält die bei Grosch und Leenen genannten Kennzeichen des erweiterten Kulturbegriffs, bezieht sich jedoch auf eine individuellere Ebene. D. h., es wird mehr vom Individuum ausgegangen, da Kultur als ein verinnerlichtes und (meist) unbewusstes Orientierungssystem für Individuen, verstanden wird (vgl Auernheimer, 1999).[8]

Welche Konsequenzen hat solch ein Kulturbegriff nun für die Individuen "innerhalb" so verstandener Kulturen und für das interkulturelle Lernen?

5.3.2. Interkulturelle Identität

Im Begriff "interkulturell" deutet das Präfix "inter" auf eine Wechselbeziehung zwischen mindestens zwei Kulturen hin. In Abgrenzung zum Begriff "multikulturell" unter dem man „eine Zustandsbeschreibung unserer heutigen Gesellschaft, in der viele Menschen unterschiedlicher Herkunft und Kulturen miteinander leben" (Reviere, 1998, S. 27) versteht, verweist der Terminus "interkulturell" auf eine spezifische Dynamik zwischen den Kulturen. Er konstatiert also nicht nur die Tatsache, dass die Gesellschaft "multikulturell" ist, sondern weist auf die dynamischen Interaktionen zwischen den verschiedenen Kulturen hin. Basierend auf ihrem Kulturbegriff definieren Grosch und Leenen daher den Begriff "interkulturell" wie folgt: „Der Begriff bezeichnet Austauschprozesse zwischen Kulturen, genauer gesagt: zwischen Personen oder Gruppen mit unterschiedlichem Kulturhintergrund" (Grosch; Leenen, 1998, S. 358).

Basierend auf dem vorgenannten Verständnis von Kultur muss hierbei aber die "Position" der Individuen näher betrachtet werden. Es soll also der Frage nachgegangen werden, was hier „Personen mit unterschiedlichem Kulturhintergrund" genau bedeutet. Hieraus lässt sich dann das Konzept einer "interkulturellen Identität" der Persönlichkeit ableiten.

---

[8] Parallelen existieren hier ebenso zum Bourdieuschen Habituskonzept (vgl Bourdieu, 1988) wie zum Lebenswelt-Konzept bei Nieke (vgl. Nieke, 2000, S. 51-65).

Identität wird dabei nach Erikson verstanden. Er bezeichnet Identität als

„(...) ein bewusstes Gefühl der individuellen Identität, [...] das unbewusste Streben nach einer Kontinuität des persönlichen Charakters, [...] ein Kriterium der stillschweigenden Akte der Ich-Synthese [und] [...] das Festhalten an einer inneren Solidarität mit den Idealen und der Identität einer Gruppe" (Erikson, 1973, S. 124f).

Anders formuliert heißt eine eigene Identität entwickeln, dass man das Selbst und die Gesellschaft, in der man lebt, erkennt und akzeptiert. Identität kreist also um die Frage „Wer bin ich in der Gesellschaft?", die sich in verschiedenen Lebensphasen (8 psychosoziale Phasen) unterschiedlich beantwortet wird und deren Grundlagen in frühester Kindheit gelegt werden (vgl. Böhm u.a., 1999, S. 74f.). Somit hat Identität mindestens zwei Komponenten: „Die Person, für die man sich selbst hält und die Person, für die einen andere halten" (Oerter; Montada, 1982, S. 265).[9]

Welche Rolle spielt nun Kultur, wenn sie im Sinne des vorhergehenden Kapitels verstanden wird, für die individuelle, also die Ich-Identität?

Zentrale Merkmale eines als Orientierungssystem verstandenen Kulturbegriffs werden von Thomas als "Kulturstandards" bezeichnet. „Unter Kulturstandards werden alle Arten des Wahrnehmens, Denkens, Wertens und Handelns verstanden, die von der Mehrzahl der Mitglieder einer bestimmten Kultur für sich persönlich und andere als normal, selbstverständlich, typisch und verbindlich angesehen werden" (Thomas, 2003, S. 437). Sie wirken sich auf alle Bereiche des sozialen Lebens aus und haben folglich eine große Bedeutung für die Identität. Vor dem Hintergrund solcher Standards wird eigenes wie fremdes Handeln reguliert und beurteilt. Zentral hierbei ist, dass „die Kulturstandards der eigenen Kultur und ihre das jeweilige Verhalten steuernde Funktion vom Individuum nicht mehr bewusst wahrgenommen werden" (Militzer u.a., 2002, S. 36). Bewusst werden die eigenen Kulturstandards meist erst durch die Erfahrung, dass andere Menschen diese nicht teilen. Unterschiedliche Kulturstandards können jedoch zu Verständigungsproblemen führen. Wenn z. B. der Akt des "In- die- Augen- Blickens" während einer Kommunikation einerseits als Zeichen für Offenheit und Aufmerksamkeit, andererseits aber als Respektlosigkeit gedeutet wird, kann dies die Verständigung zwischen Menschen unterschiedlicher Kulturbereiche komplizieren. Von vielen Menschen werden fremde Kulturstandards sogar als Gefahr für die eigene Lebensweise bzw. die eigenen Kulturstandards empfunden, so dass auf vermeintliche Repräsentant/innen dieser fremden Kulturstandards teilweise mit Angst und Abwehr reagiert wird.

---

[9] Wobei die erste Komponente als "personale" und die zweite als "soziale Identität" bezeichnet wird.

„Der Fremde lebt in Selbstverständlichkeiten, die mir alles andere als selbstverständlich sind, häufig nicht nur exotisch, sondern auch falsch vorkommen müssen, weil sie meinen Selbstverständlichkeiten widersprechen. Seine Selbstverständlichkeiten, d.h. seine Lebenswelt und Kultur, stellen meine Selbstverständlichkeiten, d.h. meine Lebenswelt und Kultur in Frage; denn beides kann nicht zugleich richtig sein. [...] Jede Begegnung mit Fremden stellt also die eigenen Selbstverständlichkeiten mehr oder weniger in Frage, und das befremdet, beunruhigt, macht Angst" (Nieke, 2000, S. 73).

Somit kommt den im Laufe der Sozialisation erworbenen und verinnerlichten Kulturstandards – ein Prozess der als Enkulturation bezeichnet wird – eine elementare Bedeutung für die Identität der Mitglieder der jeweiligen Kultur zu. Schließlich hängt das "für wen man sich selbst hält und für wen andere einen halten" maßgeblich von diesen Standards ab. Denn man "definiert" sich selbst in Abgrenzung zu Personen mit anderen bzw. fremden Kulturstandards.

„Eine Kultur definiert sich über die Differenzbildung zu anderen Kulturen. Eine ihrer wesentlichen Aufgaben besteht darin, dass sie eine Grenzziehung nach außen vornimmt und so zwischen dem Eigenen, Bekannten und Vertrauten und dem Fremden, Unbekannten und Andersartigen unterscheidet" (Gemende u.a., 1999, S. 13).

Hinzu kommt, dass die eigenen Kulturstandards überwiegend mit einem positiven Wertakzent versehen sind. Die fremden Kulturstandards kommen, da das eigene Bedeutungssystem angesetzt wird, in der Bewertung hingegen meist schlechter als die eigenen weg. Indem fremde Kulturstandards also durch die eigene "kulturspezifische Brille" wahrgenommen werden, werden sie – weitab von einer bewussten Abwertung – fast unvermeidlich als minderwertig oder schlechter empfunden als die eigenen. Diese "unbeabsichtigte" Abwertung fremder Kulturstandards, da aus der eigenen Perspektive geurteilt wird, wird in der Literatur als "natürlicher" oder unvermeidlicher Ethno- oder Kulturzentrismus bezeichnet (vgl. Grosch; Leenen, 1998, S. 35f).

Bedeutsam ist jedoch, dass Kulturstandards auch "kulturübergreifend" auftreten und somit verschiedene Kulturen über ähnliche Standards verfügen können. Zudem ist es möglich, dass gleiche Kulturstandards in verschiedenen Kulturen unterschiedlich verbindlich sind (vgl. Militzer u.a., 2002, S. 36). Wird zudem berücksichtigt, dass Kulturen als ein sich ständig wechselseitig beeinflussender und verändernder Prozess verstanden werden, gilt dies auch für die Kulturstandards. Kulturstandards verschwinden, werden übernommen, verändern sich in der Auseinandersetzung mit fremden Standards, entstehen neu usw.

Im verwendeten Kulturbegriff wird Kultur als ein Orientierungssystem verstanden, das unsere Wahrnehmung, unser Beurteilen und Handeln steuert. Solch ein Kulturverständnis hat zur Konsequenz, dass innerhalb von bestimmten Kulturen (bspw. einer Nationalkultur) viele und vielfältige Kulturen nebeneinander stehen, die ebenso als Orientierungssystem fungieren.

Zur Veranschaulichung soll eine Vergleichsstudie über "Fachkulturen" dienen, in der es speziell um Lebensstile von Pädagogik- und Jurastudierenden ging. Obwohl sich in dieser Studie keine Korrelation zwischen dem Lebensstil und der sozialen Herkunft der Studierenden ergab (vgl. Apel, 1989, S. 11), unterschied sich der Einrichtungs- und Kleidungsstil der Pädagogikstudierenden beträchtlich von dem der Jurastudierenden.

„Schon ein erster Blick auf Merkmale studentischen Einrichtungsstils bestätigt die Vermutung, dass bei Pädagogikstudierenden Merkmale einer improvisierten oder „asketischen Einfachkultur" viel häufiger anzutreffen sind als bei Jurastudierenden" (Apel, 1989, S. 9).

So antworteten 28% der Pädagogik-, im Vergleich zu nur 9% der Jurastudierenden, ihre Einrichtungsgegenstände auf dem Flohmarkt oder per Anzeige gefunden zu haben. Zudem besaßen ca. 20% der Pädagogikstudierenden Möbel vom Sperrmüll, aber fast kein/e Jurastudierende/r (5 von 140). Auch hatten rund doppelt so viele Pädagogik- wie Jurastudierende ihre Möbel selbst gemacht.

„Bei der Kleidung wiederholt sich das Bild der Wohnkultur in analoger [...] Weise. Nach den hauptsächlichen Bezugsquellen ihrer Kleidung befragt, nennen Pädagogikstudierende viel häufiger Flohmarkt (26%), Selbstgemachtes (49%) und „geerbt" (9%) als Jurastudierende (entsprechend 9%, 29% und 2%)" (Apel, 1989,S. 10).

Es bestehen also selbst im studentischen Milieu bzw. der studentischen Kultur innerhalb Deutschlands beträchtliche Unterschiede im Handeln und zwar je nachdem, was studiert wird.

Dies macht deutlich, dass sich selbst Familien, oder besser, besonders Familien, als Kulturen bezeichnen lassen, da gerade sie einen erheblichen Einfluss auf die Wahrnehmung, das Urteilen und Handeln der Individuen haben.

Für die Individuen bedeutet dies, dass sie selbst nicht nur an einer, sondern an verschiedenen Kulturen Anteil haben. Zur Verdeutlichung soll folgendes Beispiel dienen: Bei einem 25-jährigen Jurastudenten mit Migrationserfahrung (geboren in der Türkei, mit 10 Jahren nach Deutschland immigriert), der alleine bei seiner Mutter zunächst in Istanbul und später in Berlin-Steglitz aufgewachsen ist und Fußball in einem Verein spielt etc. werden all diese Aspekte bedeutsam für die Orientierung seiner Wahrnehmung, seines Urteilens und letztendlich Handelns sein. Insofern sind sie (nach dem zugrunde liegenden Verständnis) als Kulturen zu bezeichnen, die alle von Bedeutung für seine Identität sind. Er ist nicht nur ein gebürtig türkischer Mann sondern hat mehr als die Hälfte seines Lebens in Deutschland verbracht, hat Migrations- und Integrationserfahrung gesammelt, ist Jurastudent, Einzelkind einer allein erziehenden Mutter, Fußballer und Berliner aus Steglitz etc. Wie groß die Bedeutung welcher dieser Kulturen (bzw. deren Kulturstandards) letztendlich für seine Orientierung bzw. Ich-Identität ist, hängt letztlich von den sozialen Gruppen ab, in denen er überwiegend verkehrt und welche emotionale Bedeutung diese Gruppen für ihn haben. Hildebrand und Sting machen dies anhand auf die Nation bezogener kultureller Identität deutlich:

„Die Konstitution einer auf die Nation bezogenen kulturellen Identität scheint in den modernen Gesellschaften in den Prozess der Subjektbildung integriert zu sein. Sie führt jenseits intendierter pädagogischer Maßnahmen zu einer unbemerkten Standardisierung von Wahrnehmungsmustern, Orientierungen und sozialen Praktiken, die sich oft erst im nachhinein oder von außen aufdecken lassen. In diesem Zusammenhang erscheint die Nation als eine Instanz neben anderen, die im Rahmen einer Schichtung kulturbildender Instanzen verschiedener Reichweite und Intensität psychische und soziale Funktionen erfüllt. Und sie erfüllt diese Funktionen ungleich stark und mit unterschiedlicher Relevanz je nach sozialer Gruppe und Region" (Hildebrand; Sting, 1995, S. 12).

Marschke geht auf diesen Aspekt anhand ethnischer[10] Identität ein.

„Ethnische Identität ist nur eine Stufe innerhalb der verschiedenen Identitätsebenen. Die unterschiedlichen Gebiete der Ich-Identität, lokale, regionale, nationale, europäische Identität sind mehrdimensional und zu unterschiedlichen Zeiten unterschiedlich relevant" (Marschke, 2003, S. 35).

Des Weiteren hat der Student in unserem Beispiel nicht nur Anteil an verschiedenen Kulturen, sondern er befindet sich auch "zwischen" ihnen und anderen Orientierungssystemen, die sich wiederum wechselseitig beeinflussen. Bspw. beeinflusst und verändert die "deutsche Kultur" die "Kultur der türkischen Immigrant/innen" und andersherum.

Insofern ist die Identität eines jeden Individuums von unterschiedlichen Kulturen durchdrungen: Erstens hat es Anteil an verschiedenen Kulturen und zweitens befindet sich das Individuum "zwischen" verschiedenen Kulturen, die sich in einer dynamischen Veränderung ständig wechselseitig beeinflussen. Wer man also ist und für wen man gehalten wird, ist von unterschiedlichen Kulturen durchdrungen. Vor diesem Hintergrund lässt sich jede Identität als eine "interkulturelle Identität" bezeichnen. Häufig wird jedoch versucht, nur eine und zwar meist die "ethnische" oder nationale „Kulturzugehörigkeit als die eigentliche oder wesentliche herauszustellen und die Bedeutung weiterer kultureller Gemeinsamkeiten zu negieren" (Grosch; Leenen, 1998, S. 33).

Wenn nun also von "Personen mit unterschiedlichem Kulturhintergrund" gesprochen wird, kommt dies auf die Betrachtungsweise an. Wird bei unserem Studenten bspw. die fremde "Ethnie" als wesentliche Kulturzugehörigkeit herausgestellt und seine anderen Zugehörigkeiten ignoriert, werden ihm unter Umständen lediglich fremde und möglicherweise beängstigende Kultur-

---

[10] Definition von Ethnie: „Eine ethnische Einheit besteht dann, wenn in einem Kollektiv kulturelle, sprachliche, religiöse, soziale, geschichtliche, vielleicht auch Anlage bedingte Wurzeln vorhanden sind, die das Denken und Handeln beeinflussen, bzw. bestimmen" (Heiderich; Rohr, 2000, S. 169).

standards zugeschrieben. Gemeinsamkeiten könnten dann übersehen werden. Wird aber sein Jurastudium in den Vordergrund gestellt, wird womöglich keine Abwehrreaktion zustande kommen, da eventuell Gemeinsamkeiten entdeckt werden. „Austauschprozesse von Personen mit unterschiedlichem Kulturhintergrund" (Grosch; Leenen, 1998, S. 358) kann also ebenso bedeuten, dass ein gebürtig deutscher Jurastudent mit einem gebürtig deutschen Pädagogikstudenten interagiert, wie ein gebürtiger Türke mit einem gebürtigen Deutschen. Letztendlich haben allerdings beide eine "interkulturelle Identität".

Solch ein Verständnis hat zur Konsequenz, dass interkulturelle Konflikte nicht nur auf einer interpersonellen Ebene, also zwischen Individuen mit unterschiedlichem kulturellem Hintergrund, stattfinden können, sondern dass es ebenso zu innerpsychischen oder "intraindindividuellen" interkulturellen Spannungen kommen kann. Diese Konflikte können dann eintreten, wenn sich die Wahrnehmungs-, Denk-, Bewertungs- und Handlungsmuster der unterschiedlichen Kulturen, an denen ein Individuum Anteil hat, widersprechen, entgegenstehen oder sogar widerstreiten. Wenn bspw. innerhalb einer Familienkultur Homosexuelle als "minderwertig" oder "krank" bezeichnet werden, sich ein Familienmitglied jedoch seiner/ihrer Homosexualität bewusst wird, kann dies für diese Person zu einer erheblichen psychischen Belastung führen. Schließlich hat sie verinnerlicht, dass Homosexualität mit Minderwertigkeit oder Krankheit gleichzusetzen ist. Vielleicht wird sie sich folglich sogar selbst als minderwertig oder krank empfinden.

„Wir müssen im Auge behalten, dass das, was in früheren Entwicklungsphasen lebensgeschichtlich angeeignet worden ist, in jedem Fall in der Struktur der Persönlichkeit gegenwärtig ist, so wenig es als Motiv leitend sein muss" (Auernheimer, 1988, S. 124).

Solche innerpsychischen Konflikte werden daher, neben materiellen und rechtlichen Benachteiligungen sowie ihnen gegenüber offen geäußerter Fremdenfeindlichkeit, von einigen Autor/innen auch als Ursache dafür verantwortlich gemacht, dass es insbesondere bei Migrant/innen verstärkt zu psychosomatischen, neurotischen und psychotischen Störungen kommt (vgl. Zarifoglu, 1992; Ucar, 1993). So kann es zu erheblichen psychischen Problematiken führen, falls es nicht gelingt, verschiedene Kulturen mit möglicherweise diskrepanten Wertvorstellungen und Handlungsmustern erfolgreich in die Ich-Identität zu integrieren. Ucar weist dabei auf die Rolle der Schule hin.

„Die Schule als Erziehungsinstitution zwingt die ausländischen Schüler, sich dem monokulturell geprägten deutschen Schulsystem anzupassen. Die Folge davon ist, dass die Migrantenkinder gegen diese Zwangsassimilation mit psychischen Störungen, Krankheiten usw. reagieren" (Ucar, 1993, S. 123).

Andererseits ist jedoch auch sicher, dass solche normativen „Konflikte" nicht unbedingt zu einer „Identitätsdiffusion" führen. Das Erlebnis der Unstimmigkeit von Werten, Normen usw. kann sogar unter günstigen sozialen

Umständen – dies ist wohl bedeutend – für die Persönlichkeitsentwicklung förderlich sein, weil es zur Reflexion anregt und die Stellungnahme provoziert (vgl. Auernheimer, 1988, S. 124). Daher sollten die pädagogischen Anstrengungen – so gut es geht – darauf abzielen, einen Beitrag zur Realisierung solch günstiger sozialer Bedingungen zu leisten um die Ich-Identität der betreuten Kinder und Jugendlichen zu stärken.

5.3.3. Interkulturelles Lernen – Eine Definition

Auch für "interkulturelles Lernen" gibt es in der Zwischenzeit eine Fülle von Definitionen. Eines steht dabei jedoch fest: Wenn man unter "Lernen" „eine Veränderung im Erleben und Verhalten versteht, die in der Interaktion des Subjekts mit seiner Umwelt zustande kommt" (Grosch; Leenen, 1998, S. 29), muss interkulturelles Lernen auf die Begegnung mit fremdkulturellen Umwelten bezogen sein.

Des Weiteren wird jedoch eine zentrale Fragestellung des institutionellen interkulturellen Lernens deutlich: Ist interkulturelles Lernen zwingend an die Anwesenheit von Personen mit fremdem Kulturhintergrund in der Bildungsinstitution gebunden, oder geht es bei interkulturellem Lernen, abgesehen von deren Anwesenheit in der Bildungsinstitution, nur darum, mit Angehörigen anderer Kulturen konfliktfrei leben zu können?

In der aktuellen Fachliteratur scheint in dieser Frage weitestgehend Einigkeit zu bestehen. „Es geht um die dauerhafte Fähigkeit, mit Angehörigen anderer Kulturen erfolgreich und kultursensibel interagieren zu können, was [...] durch interkulturelles Lernen erreicht werden soll" (Grosch; Leenen, 1998, S. 29). Dies bedeutet, dass, wenn Kultur nur im Sinne von "ethnischer"- oder Nationalkultur verstanden wird, interkulturelles Lernen nicht an die Anwesenheit von Personen fremder "Ethnien" oder Nationen gebunden ist, sondern auch Begegnungen mit solchen fremden Kulturen außerhalb der Institutionen berücksichtigt.

„Interkulturelles Lernen „orientiert sich nicht mehr wie die Ausländerpädagogik an (vermeintlichen) besonderen Bedürfnissen von Kindern aus Migrantenfamilien, [es] ist nicht einmal zwingend an die Anwesenheit von Kindern ethnischer Minderheiten gebunden" (Böhm u.a., 1999, S. 36).

Interkulturelles Lernen sollte also auch unabhängig von der Gegenwart von Kindern anderer "ethnischer" oder nationaler Herkunftskulturen in allen vorschulischen oder schulischen Bildungsinstitutionen stattfinden. Denn das fundamentale Ziel einer auf das Ergebnis fokussierten interkulturellen Pädagogik ist, dass „Mehrheit wie Minderheiten auf ein möglichst gleichberechtigtes Zusammenleben in einer Gesellschaft vorbereitet werden" (Böhm u.a., 1999, S. 35), und dies erfordert von allen und nicht nur von "nationalgemischten" institutionellen Kindergruppen "interkulturelles Engagement".

Im Grunde erübrigt sich jedoch die Frage, ob nun interkulturelles Lernen auf die Anwesenheit von Personen mit unterschiedlichem Kulturhintergrund angewiesen ist, letztlich dann, wenn auf den dieser Arbeit zugrunde liegenden Kulturbegriff zurückgegriffen wird.

„Menschen können sich mehr als nur einer Kulturgemeinschaft zugehörig fühlen. Kulturgemeinschaften reichen über die Grenzen von Staaten hinaus, und ihre Vielfalt reicht in die Staaten hinein. Angesichts dieser Realität wird interkulturelle Kompetenz zu einer Schlüsselqualifikation für alle, nicht nur für diejenigen, die ins Ausland gehen oder die mit Ausländern im Inland verkehren" (Flechsig, 1999, S. 210f).

Denn wenn selbst Familien als Kulturen verstanden werden, dann treffen ohnehin in allen institutionellen Lernprozessen verschiedene Kulturen aufeinander.

Eine weitere Folge der Verwendung dieses Kulturbegriffs ist, dass mit interkulturellem Lernen nicht nur auf ein konfliktfreies und gleichberechtigtes Zusammenleben mit Personen mit Migrationshintergrund hingearbeitet wird, sondern auch auf ein ebensolches Zusammenleben von Personen mit egal welchen unterschiedlichen Orientierungssystemen. Also dass bspw. auch ein Heterosexueller mit einem Homosexuellen oder eine erfolgreiche Managerin mit einer Sozialhilfeempfängerin offen und respektvoll interagieren kann. Denn wenn interkulturelles Lernen sich den Prinzipien der Erziehung zur Empathie, Solidarität, zu kulturellem Respekt, zum Universalismus und zur Weltzivilisation (vgl. Essinger, 1991, S.16) verpflichtet fühlt, dann muss es gerade hier pädagogisch ansetzen. Schließlich haben die exemplarischen Aussagen "Emil ist blöd, weil er dick ist" und "Simon ist blöd, weil er schwarz ist" die gleiche Wurzel: es sind Ausgrenzungs- und Abwertungsprozesse aufgrund von Verschiedenheit.

Vor diesem Hintergrund wird interkulturelles Lernen zu einer Pädagogik des offenen, respektvollen und gerechten Umgangs mit Verschiedenheit. Prengel bezeichnet dies als "Pädagogik der Vielfalt", die sich „als Pädagogik der intersubjektiven Anerkennung zwischen gleichberechtigten Verschiedenen" (Prengel, 1993, S. 62) versteht. Angestrebt wird also Gleichberechtigung und Anerkennung, und dies auf der Basis, dass sich zwar alle Menschen aufgrund ihrer inneren Heterogenität bzw. interkulturellen Identität voneinander unterscheiden, sie sich im selben Moment aber auch, gerade aufgrund dieser inneren Heterogenität gleichen. Das Motto, dem sich demnach die Pädagogik der Vielfalt bzw. interkulturelles Lernen verpflichtet fühlt, lautet somit: Wir sind zwar alle "anders", aber doch auch alle gleich. Denn „'Anders' leben müssen oder wollen ist mit schmerzlichen Erfahrungen verbunden, mit 'unten sein', 'schlecht sein', 'weniger wert sein'" (Prengel, 1993, S. 16).

Interkulturelles Lernen möchte aus dem Dilemma des sich "Anders-Fühlens" aufgrund der Etikettierung als Mitglied einer "anderen" Kultur "weniger wert" zu sein, heraushelfen. Und hierzu bedarf es einer Pädagogik für alle. Denn ebenso wie jede/r – mehr oder weniger bewusst – schon einmal andere aufgrund ihrer Kulturzugehörigkeit abgewertet hat, fühlte sich fast jede/r schon einmal aufgrund seiner/ihrer Kulturzugehörigkeit – mehr oder weniger – diskriminiert. Am stärksten und häufigsten betroffen von solchen Diskriminierungen sind allerdings diejenigen, die in den heutigen Gesellschaften als "weniger wert" (für diese Gesellschaften) wahrgenommen werden. Zu nennen sind hier, zumindest in den Gesellschaften der nördlichen Halbkugel, neben den sichtbaren Minderheiten[11] bspw. auch die Frauen, die (so genannten) sozial Schwachen und Behinderte, Homosexuelle oder Übergewichtige.

Interkulturelles Lernen ist somit „soziales und gesellschaftliches Lernen, das jeden Einzelnen nachdenklich machen soll" (Marschke, 2003, S. 82) und ist als ein Prozess zu verstehen, in dessen Verlauf sich der Umgang mit der eigenen Identität und fremden Kulturen verändern soll.

Den hier zugrunde liegenden Kulturbegriff im Blick lässt sich also zusammenfassen:

„Neben dem Erwerb von Wissen zu anderen (vor allem Migranten-) Kulturen geht es vorrangig um soziales Lernen zwischen Kindern und Jugendlichen verschiedener kultureller Herkunft, um den konstruktiven Umgang mit kultureller Differenz, die Herstellung von Gemeinsamkeiten, um die Reflexion und den Abbau von Vorurteilen, den Erwerb interkultureller sozialer Kompetenzen, den Respekt vor so genannten Fremden und die Wertschätzung fremder Kulturleistungen" (Nestvogel, 2002, S. 33).

Für viele bedeutet interkulturelles Lernen als die Fortsetzung der Ausländerpädagogik allerdings immer noch lediglich die Förderung von Migrantenkindern, um deren Chancen in der Gesellschaft zu verbessern. Interkulturelles Lernen jedoch hierauf zu reduzieren, würde bedeuten, die Thematisierung der Mechanismen von Abwertung und Ausgrenzung, die notwendige Arbeit gegen die durch die Zuwanderung entstandenen Probleme für Deutschland als Aufnahmegesellschaft (vgl. Kap. 5.1.5.) und die Vorbereitung der

---

[11] Hier wurde die Bezeichnung "sichtbare Minderheiten" gewählt, da sich der Begriff "Ausländer/innen" in diesem Zusammenhang nicht als geeignet erwies. Denn Ausländer/innen werden nicht gleich als Ausländer/innen angesehen: z. B. gelten in den alten Bundesländern "weiße" Personen aus Großbritannien, Frankreich, Belgien, den Niederlanden oder den skandinavischen Staaten häufig nicht als "richtige" Ausländer/innen, weil ihre grundsätzlichen Orientierungen meist den hier akzeptierten ähnlich sind (vgl. Preissing, 1998, S. 16-20). Des Weiteren wird häufig am Aussehen fest gemacht, ob nun jemand Ausländer/in ist oder nicht, egal ob er oder sie einen deutschen Pass besitzt.

restlichen Kinder und Jugendlichen auf das Leben in einer globalisierten Welt in der pädagogischen Praxis zu übergehen. Insofern darf interkulturelles Lernen nicht auf solch eine Förderung reduziert werden.

Einige andere Autor/innen reduzieren zwar interkulturelles Lernen nicht allein auf die Förderung der Migrantenkinder, nehmen diese Förderung allerdings als die notwendige ausländerpädagogische Komponente interkulturellen Lernens wahr. Auch dies soll hier bewusst nicht geschehen. Denn die Migrantenkinder erneut in das Interessenszentrum interkulturellen Lernens zu rücken, würde bedeuten, den Blick wiederum allein auf ethnische und Nationalkulturen zu richten und die anderen benachteiligten Kulturen (Homosexuelle, Frauen, Behinderte, usw.) auszuklammern. Dies geht allerdings, wie erläutert, nicht weit genug, wenn mit interkulturellem Lernen nicht nur die Anerkennung und Gleichberechtigung von Menschen mit Migrationshintergrund sondern insgesamt Anerkennung und Gleichberechtigung angestrebt werden soll.

Interkulturelles Lernen ist somit als ein Arbeitsprinzip (vgl. Essinger, 1991, S. 17) zu verstehen, auf dessen Basis, wie alle anderen Kinder, auch die Migrantenkinder mit konkreten Angeboten zu fördern sind.

Zudem steht hinter dem Arbeitsprinzip interkulturelles Lernen ohnehin die Absicht, Migrantenkinder zu fördern, und zwar indem die Anerkennung und Gleichberechtigung aller diskriminierten Kulturen angestrebt wird.

Interkulturelles Lernen ist somit als ein für alle Einrichtungen der institutionellen Kindertagesbetreuung notwendiges Arbeitsprinzip sozialen Lernens zu verstehen, welches einen offenen, gerechten und respektvollen Umgang mit menschlicher Verschiedenheit zum Ziel hat.

5.3.4. 10 Ziele Interkultureller Erziehung und Bildung nach Nieke

Wie zuvor dargestellt, ist das Hauptziel interkulturellen Lernens ein offener, respektvoller und gerechter Umgang mit Verschiedenheit. Um einen solchen Umgang bestmöglich zu verwirklichen, müssen indes pädagogisch verschiedene, diesem Hauptziel untergeordnete Ziele verfolgt werden. D. h., dass das Hauptziel sich zu verschiedenen Zielen ausdifferenzieren lässt, deren gemeinsame Realisierung schließlich zur Verwirklichung eines offenen, respektvollen und gerechten Umgangs mit Verschiedenheit führt. In der Literatur häufen sich diese Zielsetzungen jedoch. Da Nieke allerdings in Auseinandersetzung mit dem Diskussionsstand versucht hat, diese Zielstellungen mit seinen '10 Zielen Interkultureller Erziehung und Bildung' zusammen zu führen, zu konkretisieren und zu systematisieren, eignen sich diese besonders, einen Überblick über diese Ziele interkulturellen Lernens zu gewinnen.

Obwohl der Focus dieser 10 Ziele zwar besonders auf der Bearbeitung kulturbedingter Konflikte zwischen Migrant/innen und so genannten Einheimischen liegt, lassen sie sich letztendlich aber ebenso auf alle wie zuvor definierten kulturbedingten Spannungen "herunterbrechen" oder anwenden. Sie lassen sich also nicht nur auf die Konflikte zwischen den Migrant/innen und den "Einheimischen" anwenden sondern bspw. auch auf die Konflikte zwischen Sozialhilfeempfängern und erfolgreichen Managern.

1. Erkennen des eigenen, unvermeidlichen Ethnozentrismus

Nach Nieke stellt der Ethnozentrismus oder – im Sinne dieser Arbeit – Kulturzentrismus „die unvermeidliche Eingebundenheit des eigenen Denkens und Wertens in die selbstverständlichen Denkgrundlagen der eigenen Lebenswelt" (Nieke, 2000, S. 204) dar. Dieser Zentrismus wird erst bewusst oder sichtbar, indem auf andere Weltsichten gestoßen wird und führt in dieser Konfrontation häufig zu Verständnisproblemen (vgl. Kap. 5.3.2.). Die Aufgabe interkultureller Erziehung und Bildung sei daher, solche Verständnisprobleme im Alltag aufzuspüren, deren kulturelle Bedingtheit zu verdeutlichen, um so die Missverständnisse aufzuklären oder ihnen vorzubeugen, „und ein Bewusstsein davon zu schaffen, dass jeder ohne eine solche Sensibilität unvermeidlich in seinem eigenen Kulturzentrismus befangen oder gefangen bleibt" (Nieke, 2000, S. 204).

Da der eigene, unvermeidliche Kulturzentrismus jedoch unentbehrlich für die rasche Orientierung und Handlungsfähigkeit im Alltag sei, könne eine völlige Lösung von dieser kognitiven und emotionalen Eingebundenheit nicht Ziel interkultureller Erziehung sein. Ziel könne lediglich ein "aufgeklärter Ethnozentrismus" sein,

„(...) ein Bewusstsein von der Unvermeidlichkeit dieses Eingebundenseins in die Denk- und Wertgrundlagen der eigenen Lebenswelt sowie davon, dass andere in ihren Lebenswelten in ebensolcher Weise verankert sind" (Nieke, 2000, S. 205).

Dieser aufgeklärte Ethnozentrismus könne dazu führen, dass fremde, der eigenen Sichtweise widersprechende Positionen und deren Vertreter/innen, nicht von vornherein als minderwertig oder rückständig behandelt werden. Ebenso könnten aber auch nicht alle fremden Positionen akzeptiert und anerkannt werden.

„Ein solcherart aufgeklärter Ethnozentrismus erlaubt weder die zweifelsfreie Gewissheit, dass die eigenen Positionen unbedingt die richtigen seien, obwohl sie mit den besten Gründen für richtig gehalten werden müssen, noch kann er zu einer unbegrenzt relativistischen Anerkennung aller anderen Positionen führen" (Nieke, 2000, S. 205).

Solch ein aufgeklärter Ethno- oder Kulturzentrismus sei die recht mühevoll zu erlangende und auszuhaltende Voraussetzung für die folgenden Zielstellungen interkultureller Erziehung und Bildung.

2. Umgang mit Befremdung

Im Alltag verunsichert und bedroht das Unbekannte und Fremde einer fremden Kultur vielfach die eigenen Sichtweisen der Welt, Handlungsgewissheiten und Wertvorstellungen. Vielfach wird auf diese Verunsicherung mit Abwehr reagiert. Aus diesem Abwehrimpuls heraus entstehe dann häufig die direkte oder indirekte Ablehnung des Andersartigen. Im Zusammenhang von interkultureller Erziehung und Bildung solle daher angestrebt werden, durch kognitive Beeinflussung einen erfolgreichen Umgang mit dem Gefühl der Befremdung zu bewirken, indem das verunsichernde und bedrohende Gefühl der Befremdung umgebildet wird in Neugier auf das Unbekannte und Fremde.

3. Grundlegung von Toleranz

Toleranz sei „eine Basistugend für das gewaltfreie Zusammenleben in einer pluralistischen Demokratie und darüber hinaus in einer Gesellschaft mit Gedanken- und Religionsfreiheit" (Nieke, 2000, S. 207). Daher müsse eine Erziehung zur Toleranz eine selbstverständliche Komponente politischer Bildung sein. Eine weitere Zielstellung im Kontext interkultureller Erziehung und Bildung solle insofern die Toleranz gegenüber den in einer anderen Lebenswelt Lebenden sein, selbst wenn Aspekte dieser Welt den eigenen Orientierungen widersprechen (vgl. Nieke, 2000, S. 207), oder sogar die eigenen Gewissheiten so grundlegend in Frage gestellt werden, dass die Entwertung der anderen Orientierungen zur eigenen Entlastung nahe liegend ist.

4. Akzeptanz von Ethnizität

Nach Nieke bezeichnet Ethnizität „das Bewusstsein und die Präsentation der Zugehörigkeit zu einer Ethnie" (Nieke, 2000, S. 207). Es sei jedoch keineswegs selbstverständlich, dass diese Zugehörigkeit offen und unbefangen gezeigt und gelebt werden darf, da die überwiegende Zahl der Mitglieder der ethnischen Majorität von den Mitgliedern ethnischer Minderheiten erwarten würde, sich möglichst unauffällig anzupassen.[12] „Interkulturelle Erziehung und Bildung [...] erfordert jedoch die Akzeptanz von Ethnizität, d.h. der Präsentation vor allem (aber nicht nur) kulturell bedingter Andersartigkeit durch Angehörige ethnischer Minoritäten" (Nieke, 2000, S. 207). Eine solche Akzeptanz zeige sich im alltäglichen respektvollen und anerkennenden Umgang mit unterschiedlichen kulturell bedingten Äußerungsformen, wie bspw. der Sprache, der Religion, den Kleidungsgewohnheiten- und vorschriften, den Essensgewohnheiten usw. Interkulturelle Erziehung solle diese Äußerungs-

---

[12] Anmerkung des Autors: Ebenso verlangen jedoch auch häufig Mitglieder der ethnischen Minoritäten selbst, dass sich ihre ethnischen Gruppenmitglieder unauffällig an die Majorität anzupassen haben.

formen als für die Betroffenen wichtig respektieren und sich daher für deren Akzeptanz einsetzen.

Da eine Aufgabe von Bildung jedoch auch stets wesentlich darin bestehe, aus den vorhandenen Wissens- und Kulturbeständen das auszuwählen, was für tradiert werden kann und soll müssten „sich die professionellen Sachverwalter von Bildung jeder historischen Ausprägung von Kultur, jeder Alltagskultur, Lebenswelt und Nationalkultur kritisch prüfend nähern" (Nieke, 2000, S. 209). Aufgrund dieser Selektionen würde es dabei wahrscheinlich zu Auseinandersetzungen zwischen den Angehörigen der Majoritätskultur und den Vertreter/innen von Minoritätskulturen kommen. Denn es sei zu erwarten, dass sich bei der Auswahl desjenigen, was für das zukünftige Leben der Kinder wichtig und sinnvoll sein soll, die Meinungen dieser Gruppen zum Teil wesentlich voneinander unterscheiden. Eine weitere Aufgabe interkultureller Bildung sei es daher, sich im Austausch mit den Minoritätskulturen mit dieser kritischen Auswahl zu beschäftigen.

5. Thematisieren von Rassismus

Auch die Thematisierung von Rassismus, als weit verbreitete „Feindseligkeit gegenüber Angehörigen von Minderheiten, die sich in körperlichen Merkmalen, vor allem der Hautfarbe, von den Einheimischen unübersehbar unterscheiden" (Nieke, 2000, S. 210), sei Aufgabe interkultureller Erziehung und Bildung. Wirksam geschehe dies allerdings nicht durch die einfache Ächtung des Rassismus, sondern das pädagogische Arrangement müsse „zunächst das auch bei Kindern und Jugendlichen durchaus weit verbreitete Unbehagen gegenüber rassisch differenten Personen aufgreifen, um seine Hintergründe deutlich werden zu lassen" (Nieke, 2000, S. 210). Das angestrebte Ziel sollte dabei die Verhinderung dieser sonst unbewussten Abwertungstendenzen durch deren Bewusstmachung sein. Mindestens solle jedoch deutlich werden, dass diese Abwertungen nicht akzeptiert werden können.

6. Das Gemeinsame betonen, gegen die Gefahr des Ethnizismus

In der pädagogischen Praxis finden sich nicht wenige Beispiele, in denen bei der Bemühung, die Besonderheiten einer Kultur zur Geltung zu bringen, „eine bereits nicht mehr gelebte Kultur künstlich fixiert oder sogar restauriert" (Nieke, 2000, S. 210) wird. Bspw. werden traditionelle griechische Tänze aufgeführt, um die "griechische Kultur" zu präsentieren. Dies wiederum bedeutet, dass Kultur bei solchen Bemühungen häufig auf Folklore reduziert wird. Das widerspräche allerdings der Intention einer interkulturellen Erziehung und Bildung. Erstens fände dabei eine „unzulässige Gleichsetzung von Kultur und Nation" (Nieke, 2000, S. 210) statt, und zweitens würde „den Betroffenen oft in der Weise Unrecht [getan werden], als eine synthetische Vorstellung von Nationalkultur als für die Lebenswelt der Zuwanderer relevant unterstellt wird" (Nieke, 2000, S. 210). Zudem würden dabei die Migrant/innen erneut als "die anderen" mit anderen "Sitten" dargestellt und dies könne zu einem größeren Graben zwischen den Migrant/innen und den Einheimischen führen.

Um dieser Gefahr zu entgehen könne man stattdessen versuchen, das Gemeinsame zu betonen, statt lediglich die Besonderheiten der jeweiligen Migrantenkultur im Gegensatz zu der Kultur der Einheimischen zu unterstreichen.

7. Ermunterung zu Solidarität; Berücksichtigung der asymmetrischen Situation zwischen Mehrheit und Minderheit

Die erste Komponente des siebten Ziels interkultureller Bildung und Erziehung nach Nieke stellt die Ermunterung der Minoritätsangehörigen zu gegenseitiger Solidarität dar. Dies sollte angestrebt werden, um deren gemeinsame Identität zu stärken sowie eine politische Kraft zu formieren. Da aber die Minoritäten sich nur dann das politische Ziel eines wirksamen Minderheitenschutzes erstreiten könnten, „wenn wenigstens ein Teil der Majorität bereit ist, den Minoritäten das Recht auf Anderssein einzuräumen, und sie in ihren Bemühungen um rechtlichen und politischen Schutz unterstützt" (Nieke, 2000, S. 211), sollte zudem versucht werden, auch Majoritätsangehörige zur Solidarität mit den Minoritäten zu ermuntern.

8. Einüben in Formen vernünftiger Konfliktbewältigung – Umgang mit Kulturkonflikt und Kulturrelativismus

Der „Umgang mit Konflikten in Verhaltensorientierungen und Wertüberzeugungen" (Nieke, 2000, S. 212) stelle nach engagierten Pädagog/innen den schwierigsten Bereich interkultureller Erziehung und Bildung dar. Wie solle bspw. damit umgegangen werden, wenn eine türkische Mutter ihrer Tochter die Teilnahme am Schwimmunterricht verweigert? Zur Lösung solcher kulturbedingter Konflikte seien Methoden erforderlich, in denen erstens die verschiedenen Sichtweisen der beteiligten Parteien angemessen berücksichtigt werden und mit denen zweitens eine begründete Entscheidung getroffen werden kann, welcher Forderung nachzukommen ist und welche abgewiesen werden muss. Dabei müsse für beide Konfliktparteien nachvollziehbar sein, auf welchen Grundlagen der Entschluss basiere und welche Konsequenzen alternative Entscheidungen voraussichtlich nach sich ziehen würden.

Ein weiteres Ziel interkultureller Erziehung und Bildung solle daher die Einübung in vernünftige und gegebenenfalls neue Formen zur Lösung kulturbedingter Konflikte sein, in denen die verschiedenen Perspektiven und Wertungen aller Beteiligten angemessen Beachtung finden. Denn die gängigen Formen zur Bewältigung solcher Kontroversen seien „von den Selbstverständlichkeiten und Heiligkeiten der nordwesteuropäischen Majoritätskultur geprägt" (Nieke, 2000, S. 213). Des Weiteren drücke sich in ihnen „eine selbstverständliche und nur schwer in Frage zu stellende Dominanz der Orientierungen von Moderne, aber auch von Urbanität und sozialer Mittelschicht gegenüber allen anderen Möglichkeiten von Weltorientierungen aus" (Nieke, 2000, S. 213), die kaum mehr zu rechtfertigen sei und häufig Angehörigen anderer Kulturen Unrecht tue.

9. Aufmerksamwerden auf Möglichkeiten gegenseitiger kultureller Bereicherung

Interkultureller Erziehung und Bildung sollte zudem aufmerksam darauf machen, dass die eigene Kultur durch die Übernahme von Elementen aus anderen Kulturen bereichert werden kann und sollte.

Allerdings müssten dabei die engen Grenzen berücksichtigt werden, die diesem Bestreben dadurch gesetzt sind, dass zugewanderte Minderheiten vorwiegend von der Mehrheit in ihrer Herkunft als „rückständig angesehen werden, so dass die Bereitschaft grundsätzlich gering ist, von derart gering geachteten Kulturen etwas in die eigene Lebensgestaltung zu übernehmen" (Nieke, 2000, S. 213). Dass solche Übernahmen eher selten stattfänden, zeigten auch die bisherigen Erfahrungen mit Übernahmen von Kulturelementen aus den Minoritätskulturen in den Lebensstil der Angehörigen der Mehrheitskulturen.[13]

10. Thematisieren der Wir-Identität: Aufhebung der Wir-Grenze in globaler Verantwortung oder Affirmation universaler Humanität?

In Eriksons Identitätstheorie stellen Auffassungen über die Zugehörigkeit zu Gruppen einen Bestandteil der Ich-Identität, der Vorstellung über sich selbst, dar. Diese Auffassung über eine Gruppenzugehörigkeit wird als Wir-Identität bezeichnet. „Entlang der Grenzen solcher Wir-Identitäten erfolgen auch die Definitionen für andere Menschen als zugehörig – wir – oder als außerhalb dieser Grenze stehend – die" (Nieke, 2000, S. 215). Relevant seien solche Wir-Identitäten daher insbesondere für kulturbedingte Konflikte, da sie ein- und ausgrenzen sowie Diskriminierungen, Abwehr und Fremdenfeindlichkeit provozieren könnten. „Wir Deutsche, Einheimische gegen die Ausländer" (Nieke, 2000, S. 216). Zumindest ende an diesen Grenzen häufig die Solidarität. Die Nationalität stelle dabei indes nur eine Grenze dar. Ebenso

---

[13] Anmerkung vom Autor: Hier ist zu beachten, dass solche Übernahmen von Kulturelementen aus der Lebensgestaltung von gering geachteten Kulturen zwar eher selten stattfinden, aus höher geachteten zugewanderten Kulturen werden allerdings häufig Kulturelemente der Lebensgestaltung übernommen. Als Beispiele lassen sich Übernahmen von Kulturelementen aus der französischen (Essen, Trinken usw.) oder der amerikanischen Kultur (Essen, Musik, usw.) anführen.

wirksam seien solche zwischen Europäern und Nichteuropäern oder zwischen Christen und Muslimen.

Daraus ergäben sich für die interkulturelle Erziehung und Bildung die Verantwortung und das Ziel, diese Wir-Grenzen anders und neu zu bestimmen.

„Das Wir dürfen nicht mehr nur Teile der Menschheit sein, sondern es muss alle Menschen einschließen und auch die noch nicht Geborenen zu berücksichtigen suchen.[...] Interkulturelle Erziehung und Bildung muss also auf eine globale Verantwortung für alle hinarbeiten und darf sich nicht auf ein vernünftiges Zusammenleben in Kleinräumen, in der Stadt, in der Nachbarschaft, in der Schule etc. beschränken" (Nieke, 2000, S. 216).

6. Interkulturelles Lernen in Tageseinrichtungen für Kinder von 0-6 Jahren

Nachdem vorausgehend geklärt wurde, dass interkulturelles Lernen als ein pädagogisches Arbeitsprinzip mit dem Hauptziel eines offenen, respektvollen und gerechten Umgangs mit Verschiedenheit verstanden wird, sowie ein Überblick über die hierfür anzustrebenden untergeordneten Ziele gegeben wurde, soll nun auf interkulturelles Lernen in Kindertageseinrichtungen für Kinder von 0-6 Jahren eingegangen werden. Es soll dabei zunächst der Frage nachgegangen werden, warum bereits in diesen Institutionen der Kindertagesbetreuung mit interkulturellem Lernen begonnen werden sollte und im Folgenden wird anhand von Beispielen veranschaulicht, wie dies geschehen könnte.

6.1. Notwendigkeit interkulturellen Lernens in allen Tageseinrichtungen für Kinder von 0-6 Jahren

Wie aufgezeigt, ist die Bundesrepublik Deutschland ein Einwanderungsland. In den alten Bundesländern beträgt der Ausländeranteil um 10% und er wird insbesondere aufgrund der Globalisierung weiter wachsen. Diese Tatsache ist bedeutsam für alle Menschen, die hier leben. Das deutsche Kindertageseinrichtungssystem muss sich demnach mit der zunehmenden Prägung der gesellschaftlichen Realität der Bundesrepublik durch Pluralisierung und Heterogenisierung – nicht nur aufgrund der Zuwanderung – befassen. Diese Situation kann als Ausgangslage für interkulturelles Lernen betrachtet werden.

Für die Kindergärten bedeutet dies, dass sie sich den vielen verschiedenen Lebensrealitäten der Kinder anpassen müssen, anstelle sich darum zu bemühen, die unterschiedlichen Lebensrealitäten an den bestehenden (deutschen) Kindergarten anzugleichen. Denn allen Kindern muss ermöglicht werden, „mit ihrer jeweils spezifischen Identität, mit ihren je spezifischen Erfahrungen und

Kompetenzen ihren anerkannten Platz im Bildungssystem und in der Gesellschaft einzunehmen" (Preissing, 2003, S. 49).

Zudem sollte stets beachtet werden, dass bereits unter 6jährige Kinder, auch wenn sie in einer Einrichtung ohne Kinder aus anderen nationalen oder ethnischen Herkunftskulturen aufwachsen, die multikulturelle Wirklichkeit außerhalb der Einrichtung wahrnehmen. Sie entdecken, dass Menschen unterschiedliche Sprachen sprechen und stellen Unterschiede in Kleidung und Aussehen fest. Selbst wenn angenommen wird, Kindergartenkinder lebten tatsächlich auf einer "Insel": „Spätestens wenn sie diese verlassen, um in die Schule zu gehen oder verschiedene Freizeitangebote wahrzunehmen, werden sie mit der multikulturellen Wirklichkeit unserer Gesellschaft konfrontiert" (Böhm u.a., 1999, S. 18).

Des Weiteren lernen Kinder schon früh, was fremd für sie ist, und Fremdes verursacht häufig Angst. „Die Begegnung mit Fremdem kann Auslöser für Misstrauen und Angst sein. Wenn das Fremde mit eigenen Vorerfahrungen nicht in Verbindung gebracht werden kann, wird es Verunsicherung hervorrufen" (Preissing, 1998, S. 30).

Dennoch kann davon ausgegangen werden, dass Kleinkinder diesem Fremden gegenüber noch unbefangener oder aufgeschlossener eingestellt sind als später, wenn sich bestimmte Bilder bzw. Vorurteile bereits verfestigt haben. „Es muss versucht werden, akzeptierende Werthaltungen gegenüber Fremden in einem Alter aufzubauen, indem Neugier und Offenheit noch nicht verschüttet sind" (RAA Potsdam, 1994, S. 4). Fremdenfeindlichkeit und (rassistische) Vorurteile können so bereits an ihrer Wurzel bekämpft werden. Zur Erlangung einer "Fremdheitskompetenz" müssten daher früh positive Erfahrungen mit Fremdem gemacht werden. „Für das Neugeborene ist alles fremd, es muss erst durch Sozialisation zum Eigenen gemacht werden. [...] Im Begegnungsprozess kann Fremdes zu Eigenem werden, sich mischen und etwas Neues entstehen" (Senatsverwaltung für Schule, Jugend und Sport Berlin, 2001, S. 19).

Auch wenn Kinder im Kindergartenalter dem Fremden, dem Anderen gegenüber noch unbefangener oder aufgeschlossener eingestellt sind als in ihrem späteren Leben, heißt das nicht, dass sie ihm gegenüber noch keine Vorurteile besitzen. Denn in der Praxis zeige sich, dass Kinder schon früh Vorurteile und Stereotype über Personen und Personengruppen aus ihrer Umwelt übernehmen (vgl. Kap. 6.2.2.). Gerade Unterschiede zwischen Menschen würden bei Kindern Neugierde hervorrufen, und sie suchten schon frühzeitig nach Erklärungen für das Zustandekommen dieser Unterschiede. Diese entnähmen sie dann, vorurteils- und stereotypenbeladen, ihrer Umwelt. Sobald Kinder unterscheiden könnten, lernten sie zudem, dass diese Unterschiede bewertet werden, und wie zu bewerten sei, würde permanent mitgeteilt: In Büchern,

Filmen, der Werbung und von "den Großen". „Ohne jemals direkten Kontakt zu haben, übernehmen Kinder Stereotype und Vorurteile über Menschen oder Gruppen von Menschen aus all dem, was sie zu Hause und im weiteren Umfeld hören und sehen" (Wagner, 2001b, S. 13).

Die deutschen Kindergärten müssen sich also der Herausforderung stellen, Kindergärten einer Einwanderungsgesellschaft zu Zeiten der Globalisierung zu sein. Konkret heißt das, dass sie versuchen müssen, dazu beizutragen, Grundlagen für die Fähigkeit zu legen, „sich mit Menschen aus anderen Staaten, aus anderen Kulturen zu verständigen, gegenseitige Abhängigkeiten zu erkennen und anzuerkennen, dabei unterschiedliche Traditionen, Lebensweisen, Religionen zu akzeptieren und zu respektieren" (Preissing, 1998, S. 10). Dies ist eine Grundqualifikation, die alle benötigen und deren Fundament bereits in der frühkindlichen Erziehung gelegt werden kann. Und gerade dann, wenn interkulturelles Lernen als eine Pädagogik des offenen, respektvollen und gerechten Umgangs mit Verschiedenheit, als "Pädagogik der Vielfalt" verstanden wird, die als Ziel diese Qualifikation beinhaltet, sollte deutlich werden, warum interkulturelles Lernen bereits in allen Kindertageseinrichtungen für Kinder von 0-6 Jahren notwendig ist.

6.2. *Konzepte interkulturellen Lernens in Tageseinrichtungen für Kinder von 0-6 Jahren*

Nachfolgend soll nun der Frage nachgegangen werden, wie sich interkulturelles Lernen in Kindertageseinrichtungen für Kinder von 0-6 Jahren umsetzen lassen könnte. Dies soll anhand zweier Konzepte geschehen, die sich beide in diesem Themenfeld verorten lassen. Zunächst wird hierfür auf das Konzept des 'globalen Lernens' und im Anschluss auf das Konzept der 'vorurteilsbewussten Pädagogik' eingegangen. Zu deren Veranschaulichung sollen drei Projekte dienen, in denen versucht wurde, diese Konzepte umzusetzen: Für das globale Lernen das Projekt 'Kinder entdecken die Eine Welt' der Regionalen Arbeitsstelle für Ausländerfragen, Jugendarbeit und Schule Potsdam (RAA Potsdam) sowie die Projekte 'Kinderwelten' und 'fair-Bindungen' des Instituts für den Situationsansatz in der INA gGmbH/ Internationale Akademie für die vorurteilsbewusste Pädagogik. In den Projekten 'Kinder entdecken die Eine Welt' und 'fair-Bindungen' absolvierte der Autor dieser Arbeit jeweils ein Praktikum, so dass unmittelbare Praxiserfahrungen in die Beschreibungen einfließen.

6.2.1. Globales Lernen

Seit Beginn der 90er Jahre macht sich in deutschen Schulen insbesondere das Konzept 'globales Lernen' als pädagogische Antwort auf die Globalisierung bemerkbar. Dieses Konzept ist eng mit der Entwicklungspädagogik verbunden und wurde wesentlich durch das 1982 gegründete Schweizer Forum Schule für Eine Welt beeinflusst.

Globales Lernen meint einerseits, dass eine Einsicht in globale Zusammenhänge entsteht und andererseits, dass dies durch vielfältige ganzheitliche Lernansätze geschieht. Der zentrale Slogan globalen Lernens ist "Global denken, lokal handeln". Somit bezieht sich globales Lernen auf die Auseinandersetzung mit globalen Themen und Problemstellungen wie dem Weltfrieden und der kollektiven Sicherheit, dem Wirtschaftswachstum, dem Umweltschutz, Rassismus und Fremdenfeindlichkeit, soziale Gerechtigkeit usw. Globales Lernen versucht die Fähigkeit zu fördern, Phänomene in einem weltweiten und ganzheitlichen Zusammenhang zu sehen.

Gesamtziel globalen Lernens ist es, sich als Mitglied der globalen Gesellschaft zu begreifen und in Gemeinschaft mit anderen die Lösung globaler Herausforderungen anzustreben. Globales Lernen möchte Weltbürger erziehen, die sachkundig und verantwortungsbewusst die "Eine Welt" gestalten.

Bei Graf-Zumsteg lässt sich folgende dualistische Gegenüberstellung von traditionellem und globalem Lernen finden:

Tab. 2: Traditionelles und globales Lernen

Traditionelles Lernen	Globales Lernen
Regionenzentrierte Weltsicht	Globale Weltsicht
Geografisch vom Nahen zum Fernen	Verknüpfung lokal – global
Weite Welt weit weg vom Persönlichen Erfahrungsbereich	Weite Welt mit persönlichem Lebensraum verknüpft
Wissen wird in Fächern und Teilbereichen vermittelt	Denken in Zusammenhängen und Systemen wird gefördert
Lernende in passiven Rollen	Lernende in aktiven Rollen
Ungefähre Abstraktion wird vermittelt	Eigene Erfahrungen der Lernenden werden zugelassen
Rationalität steht im Vordergrund	Phantasie, Kreativität und Emotionen werden gefördert
Konkurrenz und Wettstreit	Zusammenarbeit und Solidarität

(Graf-Zumsteg, 1995, S. 27)

Das Schweizer Forum Schule für eine Welt hat vier Leitideen globalen Lernens formuliert:

Leitidee 1: Bildungshorizont erweitern
Globales Lernen fördert die Einheit der menschlichen Gesellschaft sowie die globalen Zusammenhänge und die eigene Position und Teilhabe daran wahrzunehmen.

Leitidee 2: Identität reflektieren - Kommunikation verbessern
Globales Lernen fördert die Fähigkeit, mit Sicht auf die eigene Identität mit anderen Menschen in offenen Kontakt zu treten, die Welt auch mit anderen Augen zu betrachten und auf der Basis dieser verschiedenen Betrachtungsweisen innerhalb der globalen Gesellschaft Urteile zu treffen.

Leitidee 3: Lebensstil überdenken
Globales Lernen fördert die Fähigkeit, eigene Entscheidungen im Hinblick auf die globale Gesellschaft, die sozialen und ökologischen Folgen zu beurteilen und zu treffen.

Leitidee 4: Verbindung von lokal und global - Leben handelnd gestalten
Globales Lernen fördert die Fähigkeit, auf der Basis lokalen Handelns als Mitglied der globalen Gesellschaft, in Zusammenarbeit mit anderen Einflüssen auf die Bewältigung globaler Herausforderungen (Entwicklung, Umwelt, Frieden, Menschenrechte) auszuüben.

(vgl. Bühler 1996, S. 193f; Forghani, 2001, S. 110f)

Globales Lernen versteht sich zwar weder als Ausländerpädagogik, noch als interkulturelle Erziehung oder Entwicklungspädagogik, hat aber seine Wurzeln in diesen Traditionen: Aus der Tradition der Ausländerpädagogik will es den sorgsamen Umgang mit den Kindern immigrierter Eltern übernehmen, aus der Tradition der interkulturellen Erziehung will es die Prinzipien der Erziehung zur Solidarität, Empathie, Weltzivilisation, zu kulturellem Respekt und zum Universalismus (vgl. Essinger, 1991, S. 17) ernst nehmen und aus der Tradition der Entwicklungspädagogik will globales Lernen den Welthorizont einbeziehen.

Nestvogel stellt den Zusammenhang zwischen interkulturellem Lernen und globalem Lernen wie folgt her:

„Meines Erachtens ist eine Definition von interkulturellem Lernen, die die Globalisierung und ihre historischen Entwicklungen ausklammert, verkürzt und unwissenschaftlich. Denn sie kann noch nicht einmal das, worauf sie sich inzwischen explizit bezieht – auf die Zuwanderung [...], hinsichtlich seiner Ursachen sowie der Auswirkungen auf ein multikulturelles Zusammen- oder Nebeneinanderleben hinreichend erklären und somit auch keine angemessenen pädagogischen Handlungsorientierungen geben" (Nestvogel, 2002, S. 37).

In Bezug auf das dieser Arbeit zugrunde liegende Verständnis von inter-kulturellem Lernen muss jedoch beim globalen Lernen eingeschränkt werden, dass es sich, neben den entwicklungspädagogischen Themen, primär auf ein konfliktfreies und gleichberechtigtes Zusammenleben mit Personen mit Migrationshintergrund konzentriert und nicht so sehr auf ein ebensolches Zusammenleben von Personen mit egal welchen unterschiedlichen Orientie-rungssystemen.

6.2.1.1. Das Projekt 'Kinder entdecken die Eine Welt'

Mit dem Projekt 'Globales Lernen im Kindergarten und Kinderclub – Kin-der entdecken die Eine Welt' der RAA Potsdam das am 31.04.2004 auslief, wurde versucht, Inhalte und Methoden globalen Lernens langfristig in die Curricula von (hauptsächlich brandenburgischen) Kindertagesstätten zu inte-grieren.

Im Antrag zur Förderung des Projekts an die Europäische Kommission, Generaldirektion Development heißt es:

„Das Vorhaben „Globales Lernen im Kindergarten und Kinderclub – Kinder entdecken die Eine Welt" verfolgt die Idee, auf neue attraktive Weise Verständnis und Toleranz gegenüber fremden Kulturen zu fördern und bewußt zu machen, in welcher gegenseitigen Abhängigkeit alle Länder und Gesellschaften der Welt zueinander stehen bei der Bewäl-tigung sozialer, ökologischer und ökonomischer Probleme der Gegenwart und der nahen Zukunft" (RAA Brandenburg, 1999, S. 1).

Zielsetzungen dieses Projektes waren, bei den Kindern:
* die Neugier und das Verständnis für fremde Kulturen zu wecken,
* Beziehungen zwischen der eigenen Lebenswelt und anderen Kulturen zu thematisieren,
* das Wissen über das Leben von Personen ausländischer Herkunft in Deutschland zu vergrößern,
* ihre Empathie, Konfliktfähigkeit und Toleranz zu fördern,
* die Wissensvermittlung zu ökologischen Themen.

Die Basis des Projekts stellte die Begegnung der überwiegend deutschen Kinder mit Pädagog/innen mit Migrationserfahrung, so genannten auslän-dischen Pädagogen[14], dar, die über 4 Monate einmal wöchentlich einige Stun-

---

[14] Da der Ausdruck "Ausländer" im öffentlichen Sprachgebrauch häufig mit einer nega-tiven Konnotation versehen ist sowie an das Aussehen geknüpft wird (fremde Ethnie = fremde Nationalität), wird hier der Ausdruck "Pädagog/innen mit Migrationserfahrung" verwendet. Zudem werden sie, der Einfachheit halber, häufig auch nur Pädagog/innen genannt.

den einer Kindergruppe im Alter von 4-12 Jahren eines Kindergartens, eines Kinderclubs, eines Horts oder einer Schule gestalteten, um „den interkulturellen Charakter der zu vermittelnden Inhalte quasi in ihrer Person authentisch" (RAA Brandenburg, 1999, S. 1) zu transportieren. Die Kinder sollten die Pädagog/innen mit Migrationserfahrung in diesen wöchentlichen so genannten Bildungseinheiten als "Fremde" in positiv besetzten Rollen kennen lernen, „als Kreativ-Tätige, als Kenntnisreiche, nicht als Hilfesuchende" (RAA Potsdam, 1999, S. 18). Das Projekt bezog daher auch gezielt Asylbewerber/innen aus nahe liegenden Asylbewerberwohnheimen als so genannte Laienpädagog/innen mit ein. Hier wurde sich durch die Multiplikatorenfunktion der Kinder viel erhofft: Die Kinder sollten daheim von ihren (angestrebten) positiven Erfahrungen mit den "Fremden" berichten, die Eltern begegneten diesen teilweise selbst (unter anderem beim Abschlussfest), wodurch in den Augen der Eltern und Bekannten eine "Aufwertung" der "Ausländer/innen" angestrebt wurde.

Im Konzept wurde davon ausgegangen, dass die Neugier eine der wichtigsten Voraussetzungen dafür ist, sich über das "Unbekannte", das "Andere" und über globale Zusammenhänge zu informieren. Diese Neugier sollte bei den Kindern, die als aktiv handelnde Subjekte angesehen wurden, nicht nur durch das andere Aussehen, die andere Sprache usw. der Pädagog/innen mit Migrationserfahrung sondern auch durch deren Methoden geweckt und für die Zukunft bestärkt werden. Hierfür sollte „bei den unmittelbaren Erfahrungen sowie bei den Bedürfnissen der Kinder" (RAA Brandenburg, 1999, S. 3) angesetzt werden. Die Kinder sollten somit auch Fragen stellen und über sich selbst erzählen können sowie Probleme und Vorurteile einbringen dürfen.

Die unterschiedlichen Themen des globalen Lernens sollten, dem ganzheitlichen Ansatz entsprechend, zumeist spielerisch den Kindern Nahe gebracht werden. Folgende beispielhafte persönliche Erfahrungen während eines Praktikums im Projekt können einen Eindruck über die Vielfalt der Themen und die Unterschiedlichkeit der Methoden vermitteln, mit denen die Pädagog/innen mit Migrationserfahrung in den Einrichtungen arbeiteten: das Thema Abholzung wurde bspw. anhand einer durch die Pädagogin vorgelesenen Geschichte eines Jungen aus Indonesien behandelt. Des Weiteren wurden folkloristische Tänze getanzt und in der Sprache der Pädagog/innen gesungen, Filme und Bilder über die "fremden Länder" gezeigt und Aspekte davon nachgebastelt; es wurden Geschichten aus den unterschiedlichen Ländern erzählt, Gerichte aus diesen gekocht und ebensolche Spiele gespielt usw. Grundlegend ist dabei, dass die Pädagog/innen die Themen des globalen Lernens stets am Beispiel ihres Geburtslandes behandelten. Hierdurch "schlugen" sie sozusagen gleichzeitig "zwei Fliegen mit einer Klappe": Sie vermittelten die Themen des globalen Lernens und stellten gleichzeitig ihr Geburtsland vor.

Besonders bedeutend schienen im Projekt die fremde(n) Sprache(n) der Pädagog/innen mit Migrationserfahrung zu sein. Denn die Kinder mochten diese Sprache(n), die sie durch Lieder, Begrüßung und Verabschiedung u. ä. immer wieder hörten und mitsangen, besonders gern.

Wichtig war den Pädagog/innen auch, nicht die Unterschiede zwischen dem Leben hier und dem Leben in ihrem Geburtsland zu unterstreichen sondern die Gemeinsamkeiten zu betonen.

Neben der Arbeit in den Projektinstitutionen sah das Konzept Fortbildungen für Erzieherinnen und Leiterinnen[15] der gegenwärtigen oder zukünftigen Projektinstitutionen vor, deren Ziel es war, die beteiligten zu Multiplikator/innen für interkulturelles Lernen zu machen. Hierbei sollte es darum gehen, „die Pluralität der Völker und ihrer Kulturen als kostbaren Reichtum für jeden einzelnen von uns zu erfahren, zu erleben und zu erkennen, dass deren Bedrohung auch eine Bedrohung unserer eigenen Welt bedeutet" (RAA Potsdam, 1999, S. 84). Die Inhalte waren dabei die Einführung in globales Lernen sowie die Themen dieses Konzepts: Frieden, Umweltschutz, Rassismus und Fremdenfeindlichkeit, soziale Gerechtigkeit usw. Zudem sollten Methoden globalen Lernens vermittelt werden, damit diese auch nach dem Projekt eigenständig hätten durchgeführt werden können.

Besprechung

Das Projekt 'Kinder entdecken die Eine Welt' der RAA Potsdam zeigt, wie sinnvoll und effektiv globales Lernen in Kindertageseinrichtungen sein kann. Durch liebevolle und einfallsreiche Vorbereitungen, vielfältige Methoden und einen "guten Draht" zu den Kindern, gelang es den Pädagog/innen mit Migrationserfahrung, vielfältige Kenntnisse und ein Fundament für globales Lernen zu vermitteln. Eine Evaluation des Projekts zeigte bspw., dass sich einige Kinder auch nach dem Projekt noch mit den Angeboten der Pädagog/innen beschäftigten, andere Kinder neugieriger auf fremde Länder waren und eine höhere Bereitschaft zeigten, „sich mit der Lebenssituation ausländischer Familien in ihrer eigenen Umgebung" (Völkel; Großmann, 2002, S. 3) zu befassen. Teilweise geriet sogar das "fremde" Aussehen der Pädagog/innen bei den Kindern so sehr in Vergessenheit, dass die Hautfarbe erst nach mehrmaligem Nachfragen, was denn besonders an dem Pädagogen sei, genannt wurde. Zuvor wurden Aspekte wie "er ist stark", "er ist groß" oder "er kann gut Fußball spielen" angegeben. So kann das Projekt auf bedeutende Erfolge

---

[15] Genau wie bei den Erzieherinnen (vgl. Kap. 4., S. 18) soll auch für die Leiterinnen ausschließlich die weibliche Form verwendet werden.

verweisen: Zum Teil wurde bei den Kindern das Interesse für fremde Kulturen geweckt und mitunter geriet selbst das "fremde" Aussehen der Pädagog/innen in den Hintergrund.

Dies zeigt, wie sinnvoll eine "positive Ersterfahrung" bzw. die Begegnung unter 6jähriger Kinder mit Pädagog/innen mit Migrationserfahrung für interkulturelles Lernen sein kann. Zudem zeigt es, dass die Beschäftigung mit den Themen (Ökologie, soziale Gerechtigkeit usw.) und Methoden (Ganzheitlichkeit) globalen Lernens in Tageseinrichtungen für Kinder von 0-6 Jahren bei den Kindern eine Basis für die Entwicklung der Fähigkeit, Phänomene in einem weltweiten Zusammenhang zu sehen, legen kann, und dafür, dass sie sich als Mitglied der globalen Gesellschaft begreifen, die sachkundig und verantwortungsbewusst die "Eine Welt" gestalten.

Für interkulturelles Lernen nach dem hier zugrunde liegenden Verständnis muss allerdings eingeschränkt werden, dass sich dieses Projekt, wie globales Lernen an sich, in erster Linie auf einen offenen, konfliktfreien und gleichberechtigten Umgang mit Personen mit Migrationshintergrund konzentriert und nicht so sehr auf ein ebensolchen Umgang mit Personen mit egal welchen unterschiedlichen Orientierungssystemen.

Ferner könnten an diesem Projekt einige Erwartungshaltungen der Pädagog/innen selbst sowie der Einrichtungen an die Pädagog/innen und deren mögliche Folgen als problematisch eingestuft werden. Denn einige Pädagog/innen erwarteten von sich selbst bzw. erhofften viele Einrichtungen von den Pädagog/innen die Umsetzung eines gewissen Lehrplans: Die Pädagog/innen wollten bzw. sollten den Kindern mit außergewöhnlichen Methoden etwas über "ihre Kultur" beibringen. Dies könnte allerdings dazu beitragen, dass sich bestimmte Klischees (bspw. Kubaner trommeln, Afrikaner singen etc.) über diese Kulturen oder Personen, die so aussehen wie die Pädagog/innen, festsetzen oder verfestigen.[16] Dieses Problem könnte jedoch möglicherweise durch einen normalen, d. h. nicht vom Alltag der Kinder sehr abweichenden, angenehmen Umgang der Pädagog/innen mit den Kindern gelöst werden. Die Methoden globalen Lernens könnten als Paket in theoretischer Form, in Gesprächen mit den Pädagog/innen, in der Weiterbildung oder vereinzelt in den Bildungseinheiten selbst zugänglich gemacht werden, aber nicht in wöchentlichen Bildungseinheiten. Dies sollte angestrebt werden, um der Gefahr zu begegnen, dass die Pädagog/innen nicht nur aufgrund ihres anderen Aussehens und anderen Sprache als "außergewöhnlich" oder "exotisch" wahrgenommen werden, sondern zusätzlich aufgrund ihrer außergewöhnlichen, häufig folkloristischen Methoden. Denn Ziel kann es nicht sein, dass bei den Kindern haften bleibt "die Ausländer sind anders", sondern

---

[16] Vgl. Sackgasse 2 interkulturellen Lernens, Kap. 6.2.2.1., S.74.

doch vielmehr, "die Ausländer sehen vielleicht anders aus oder sprechen anders, aber sind trotzdem nicht so anders". Dies entspräche dann eher dem dieser Arbeit zugrunde liegenden Motto interkulturellen Lernens: "wir sind zwar alle anders, aber doch auch alle gleich".

6.2.2. Vorurteilsbewusste Pädagogik

Vorurteile[17] stehen, wie schon aus der Bezeichnung ersichtlich, im Zentrum der vorurteilsbewussten Pädagogik. Diese schenkt „dem Vorhandensein von Vorurteilen und Stereotypen im Kindergartenalltag, den häufig unreflektierten Normvorstellungen und unbeachteten Ausgrenzungsprozessen sowie dem Umgehen mit Unterschieden" (Wagner, 2001b, S. 13) besondere Aufmerksamkeit. Ein Fokus der auf dem Anti-Bias[18]-Approach basiert, welcher insbesondere von Derman-Sparks in Kalifornien mitbegründet wurde.

Ausgangspunkt des Anti-Bias-Approachs sind Beobachtungen von bereits bei 3-5jährigen Kindern vorhandenen Vorurteilen und Stereotypen sowie auf diesen basierenden Ausgrenzungs- und Abwertungsprozesse: „Maike will nicht neben Joshua sitzen und sagt: „Der ist schwarz!" Timo und Haldun finden, Frauen können keine Piraten sein [...], Jasmin und Lennart lassen Mariam nicht mithüpfen: „Iiii, du bist fett!" Solche Beobachtungen machen wir in Gruppen von 3-5jährigen Kindern" (Wagner, 2001b, S. 13). Diese Aussagen zeigten, dass Kinder bereits in diesem Alter Unterschiede wahrnehmen und wissen, dass bestimmte Merkmale von Menschen verschieden beurteilt werden, als "normal" und "gut" oder als "unnormal" und "schlecht". Zusätzlich verdeutlichten sie, dass diese Kinder feste Vorstellungen davon haben, welche Personengruppen welche Rollen auszufüllen bzw. nicht zu übernehmen haben ("Frauen können keine Piraten sein") (vgl. York, 1991, S. 171f.).

Dies verwundere zwar Eltern und Pädagog/innen, da in der Vergangenheit vor allem in den Vereinigten Staaten überwiegend eine "colour-blind" – eine farbenblinde – Pädagogik betrieben wurde: Eine Pädagogik, die bestrebt war, keine Unterschiede zwischen Schwarzen und Weißen, Frauen und Männern, Dicken und Dünnen usw. zu machen und die tatsächlichen Unterschiede zwischen den Menschen nicht zu sehen; eine Pädagogik, die davon ausging,

---

[17] „Ein [...] Vorurteil ist eine Antipathie, die sich auf eine fehlerhafte und starre Verallgemeinerung gründet. Sie kann ausgedrückt oder auch nur gefühlt werden. Sie kann sich gegen eine Gruppe als ganze richten oder gegen ein Individuum, weil es Mitglied einer solchen Gruppe ist."

[18] „Mit „bias" bezeichnet man Schieflagen oder Engführungen bei der Betrachtung sozialer Wirklichkeit, die dazu führen, dass nur bestimmte Aspekte gesehen und viele andere ausgeblendet werden" (Wagner, 2003a, S. 34).

dass bei Kindern keine Vorurteile entstehen, wenn sie daran gehindert werden könnten, solche Unterschiede wahrzunehmen. Aber dies sei in einer Gesellschaft, in der rassistische und weitere Vorurteile allgegenwärtig seien (vgl. Essed, 1991), schlichtweg unmöglich. Überall seien Kinder mit stereotypen Bildern konfrontiert: Im häuslichen Umfeld, in Filmen, Bilderbüchern, auf der Kleidung usw. Diese in der Gesellschaft vorherrschenden Vorurteile und Stereotype würden sie schon so früh übernehmen – teilweise ohne jemals unmittelbaren Kontakt mit den betreffenden Personen gehabt zu haben – um sich die Unterschiede zwischen den Menschen erklären. So übernähmen bereits 3- 4jährige Kinder Stereotype und Vorurteile über Menschen, die sich von ihnen und ihrer Familie unterscheiden „nicht notwendigerweise aus dem direkten Kontakt mit den Menschen, sondern vor allem aus der Begegnung mit gesellschaftlich gängigen Vorstellungen über sie" (Derman-Sparks, 2001, S. 7). Das bedeute, dass die übernommenen Vorurteile und Stereotype nicht eine Abbildung tatsächlicher Unterschiede seien, sondern gesellschaftliche Konstruktionen der Differenzen zwischen den Menschen. Die Unterschiede zwischen Menschen seien selbstverständlich nicht zu leugnen, entscheidend sei aber, „dass diese Unterschiede die einen privilegieren und die anderen benachteiligen. Sie sind nicht die Ursachen der Ungleichheit. Die Bezugnahme auf Unterschiede fungiert als effektive und machtvolle Rechtfertigung für den ungleichen Zugang von Menschen und Gruppen zu gesellschaftlichen Ressourcen" (Wagner, 2001b, S. 13). So würden aus realen Unterschieden im Einzelnen, diskriminierende Vorurteile über ganze Gruppen, welche schließlich dazu dienten, eine ungleiche Teilhabe an den gesellschaftlichen Ressourcen zu rechtfertigen. Dies lässt sich bspw. anschaulich anhand einiger weit verbreiteter Vorurteile gegenüber Frauen verdeutlichen: Da Frauen u.a. zu emotional, nicht pragmatisch und logisch genug seien und nicht ausreichend Durchsetzungsvermögen besäßen, seien sie für Machtpositionen eher ungeeignet. Eine Ansicht, die sich letztendlich neben anderen Gründen in der tatsächlichen Machtverteilung niederschlägt.

Derart Konstruktionen seien sehr effektiv, „weil sie wirkungsvoll die tatsächlichen Strukturen und Prozesse von Ausgrenzung und Benachteiligung verschleiern, indem sie mit Schuldzuweisungen an die Ausgegrenzten operieren" (Wagner, 2001b, S. 14). Solche Konstruktionen gingen schließlich – bewusst oder unbewusst – ein in die sozialen Interaktionen und würden so auch von den Kindern wahrgenommen, verinnerlicht und weiter getragen.

Genau hier versucht die vorurteilsbewusste Pädagogik anzusetzen. Denn damit solche Konstruktionen nicht zu "festen Vorurteilen" werden, bräuchten die Kinder „kompetente Erwachsene die solche einseitigen Botschaften erkennen und die wissen, wie man Kindern Erfahrungen mit der tatsächlichen Vielfalt ermöglicht und was man gegen ungerechte und diskriminierende

Vorurteile tun kann" (Wagner, 2003b, S. 7). Es geht ihr jedoch nicht um "die Befreiung von Vorurteilen" oder darum, sie "über Bord zu werfen", denn das sei illusorisch, da Vorurteile notwendige Orientierungen im alltäglichen Leben darstellten (vgl. Allport, 1954), sondern darum, sich derer bewusst zu werden. „Vorurteilsbewusste Bildung und Erziehung fordert dazu auf, das zu tun, was möglich ist: sich bewusst zu machen, welche Vorurteile es in dieser Gesellschaft gibt, welche man selbst hat und wie sich Vorurteile im Leben von Menschen auswirken" (Wagner, 2003a, S 34). Daher wurde auch der Anti-Bias-Approach im Projekt 'Kinderwelten' mit vorurteilsbewusster anstelle von vorurteilsfreier Pädagogik übersetzt.

Hauptziel des Anti-Bias-Approachs ist es, Kinder darin zu befähigen, „to understand and comfortably interact with differences, to appreciate all people's similarities through the different ways they are human, and to recognize and confront ideas and behaviors that are biased" (Derman-Sparks; A.B.C. Task Force, 1989, S. 7).

Hierfür strukturieren vier Ziele für Kinder und vier Ziele für Pädagoginnen und Pädagogen die vorurteilsbewusste Arbeit.

Die vier Ziele vorurteilsbewusster Erziehung für Kinder:

Ziel 1:

„Nähren Sie bei jedem Kind die Entwicklung seiner Ich-Identität und seiner Bezugsgruppen-Identität, basierend auf (Erfahrungs-) Wissen und Selbstvertrauen" (Gaine; van Keulen, 2000, S. 10).

D. h., dass alle Kinder sowohl als Individuum als auch als Mitglied einer bestimmten sozialen Gruppe wertgeschätzt und anerkannt werden sollen. Es soll ihnen ermöglicht werden, Selbstvertrauen zu entwickeln und sich Wissen über den eigenen Hintergrund anzueignen. Dies kann in Folge auch zur Anerkennung der "anderen" beitragen. „Die Möglichkeit, aus der Anerkennung durch andere Selbstbestärkung zu erfahren, ist eng verknüpft mit der eigenen Bereitschaft und Möglichkeit, auch die anderen in ihrer Besonderheit anzuerkennen" (Leu, 1998, S. 14).

Ziel 2:

„Fördern Sie bei jedem Kind den ungezwungenen, einfühlsamen Umgang mit Menschen, welche die unterschiedlichsten Erfahrungshintergründe haben" (Gaine; van Keulen, 2000, S. 11).

Hierzu gehört, dass den Kindern die Gelegenheit gegeben werden muss, Erfahrungen mit Personen zu machen, die sich anders verhalten oder anders aussehen als sie selbst. Dadurch kann den Kindern ermöglicht werden, dass sie sich mit diesen zunächst fremden Menschen wohl fühlen und sich in sie hineinversetzen können.

Ziel 3:

„Fördern Sie bei jedem Kind das kritische Nachdenken über Vorurteile" *(Gaine; van Keulen, 2000, S. 12).*

Um bei den Kindern das kritische Nachdenken über Vorurteile oder Einseitigkeiten und Diskriminierungen anzuregen, muss eine gemeinsame Sprache gefunden werden, um sich mit ihnen darüber verständigen zu können, was "fair" und was "unfair" ist.

Ziel 4:

„Unterstützen Sie bei jedem Kind die Entwicklung der Fähigkeit, angesichts von Diskriminierung für sich selbst und für andere einzutreten" *(Gaine; van Keulen, 2000, S. 13).*

Kinder müssen dazu ermutigt werden, sich entweder alleine oder im Zusammenschluss mit anderen gegen sich selbst oder gegen andere Personen gerichtete diskriminierende Handlungsweisen zu wehren.

Die vier Ziele vorurteilsbewusster Erziehung für Pädagog/innen:

Ziel 1:

„Werden Sie sich in einem praktischen Sinn Ihrer selbst, Ihrer eigenen Kultur bewusst" *(Gaine; van Keulen, 2000, S. 14).*

Sich den eigenen kulturellen Hintergrund und dessen Einfluss auf das berufliche Handeln bewusst zu machen, kann zu einem besseren Verständnis der eigenen Wahrnehmung und des eigenen Handelns führen, sowie dazu, dass ein größeres Verständnis für die Handlungsweisen von Personen mit einem anderen kulturellen Hintergrund entsteht. Wenn sich bspw. Leiterinnen von Kindertageseinrichtungen ihres persönlichen Hintergrundes in Bezug auf Autorität und Führung bewusst sind, können sie diesen im Team und nach außen verständlich machen und „Verständnis für Kolleginnen und Eltern [haben], die eine andere Tradition im Umgang mit Macht und Autorität haben" (Achterberg u.a., 2003, S. 13).

Ziel 2:

„Eignen Sie sich ein fundiertes Wissen über kulturelle Unterschiede in Bezug auf Kindererziehung sowie auf Lern- und Kommunikationsstile an" *(Gaine; van Keulen, 2000, S. 15).*

Vorurteilsbewusste Arbeit heißt, die Unterschiede zwischen den verschiedenen Menschen mit denen man arbeitet „nicht nur festzustellen, sondern die kreative Spannung zu erkennen und zu nutzen, die „zwischen dem Respektieren von Unterschieden und dem Nicht-Akzeptieren von unfairen Vorstellungen und Verhaltensweisen" entsteht" (Achterberg u.a., 2003, S. 14). Um solch eine kreative Spannung erzeugen und nutzen zu können sowie zu gewährleisten, dass alle Personen in der Einrichtung bestmöglichst verstanden, unterstützt und wertgeschätzt werden können, müssen deren Lern- und Kommunikationsstile bekannt sein. Dies kann zudem zu einer offenen Atmosphäre in der Einrichtung beitragen.

Ziel 3:

„Werden Sie zu MitarbeiterInnen, die Vorurteile und Diskriminierung kritisch reflektieren; in den Methoden der Kleinkindbetreuung und -erziehung und im allgemeinen" (Gaine; van Keulen, 2000, S. 15).

„Die Kita ist kein Schonraum, sondern ein Ausschnitt gesellschaftlicher Wirklichkeit. Auch gesellschaftliche Verhältnisse wie Ungleichheit, Privilegien, Benachteiligungen, Diskriminierung oder Einseitigkeiten bilden sich in der Kita ab" (Achterberg u.a., 2003, S. 15). Es muss versucht werden, die Pädagog/innen dafür zu sensibilisieren, wo sich im Kindertageseinrichtungsalltag und im Allgemeinen solche Verhältnisse finden lassen. Nur so können sie verändert werden.

Ziel 4:

„Eigenen Sie sich die Fähigkeit an, Gespräche über die Problematik von Vorurteilen und Diskriminierungen auszulösen" (Gaine; van Keulen, 2000, S. 15).

Menschen dazu zu ermutigen, sich über Fragen von Einseitigkeit und Diskriminierung auszutauschen, kann in erster Linie dadurch geschehen, dass man selbst deutliche Bemühungen zeigt, gegen solche Tendenzen vorzugehen und den Dialog über solche Ungerechtigkeiten aktiv anregt.

6.2.2.1. Die Projekte 'Kinderwelten' und 'fair-bindungen'

Ausgangspunkt des Projekts 'Kinderwelten – vorurteilsbewusste Arbeit in Kindertageseinrichtungen' des Instituts für den Situationsansatz in der INA gGmbH/Internationale Akademie an der FU Berlin war die Frage danach, wie Kindertageseinrichtungen in einer Einwanderungsgesellschaft wie der Bundesrepublik Deutschland beschaffen sein müssen. Denn es sei unbestreitbar, dass die Bundesrepublik eine solche ist. Ebenso unbestreitbar sei, dass diese Tatsache bedeutsam für alle in Deutschland lebenden Menschen ist, da auf verschiedene Arten alle hier lebenden Personen mit Migration und deren Folgen zu tun hätten. Ebenso mit Mehrsprachigkeit wie mit sozialer Ungerechtigkeit und Ausgrenzung auf der Grundlage von Herkunft oder anderen Eigenschaften und in Form von Diskriminierung und Rassismus. Gerade pädagogische Fachkräfte begegneten den Auswirkungen solcher demütigenden Erfahrungen. Sie begegneten ihnen auch da, wo es nur wenige Immigrant/ innen und Flüchtlinge gibt. Daher zielte das Projekt auf die Erstellung eines Konzepts „zur Praxisentwicklung und Fortbildung [...], mit dem erprobte Verfahren und Instrumente zur interkulturellen Profilierung zur Verfügung gestellt werden" (Wagner; Şikcan, 2003, S. 1).

Das Evaluierungs- und Disseminationsprojekt 'fair-Bindungen' knüpfte direkt an 'Kinderwelten' an und hatte als 2jähriges Schwesterprojekt die Erprobung und Weiterentwicklung der in 'Kinderwelten' entwickelten Verfahren und Instrumente zur Aufgabe. Als Endergebnis sollte 'fair-Bindungen' schließlich verallgemeinerbare Verfahren und Instrumente zur Qualifizierung von Kindertageseinrichtungsteams erarbeiten (vgl. Preissing; Freitag, 2000).

Die theoretischen Grundlagen der Projekte stellten – neben dem Anti-Bias-Approach – der Situationsansatz und die Arbeiten zur wechselseitigen Anerkennung (vgl. Leu, 1998; 1999) dar. Es wurde sich gerade für diese Grundlagen entschieden, da in der Zeit der Projektentwicklung die Einsicht gewonnen wurde, dass viele der bisherigen Ansätze interkultureller Pädagogik in eine der vier folgenden "Sackgassen" führen und daher ein neuer Ansatz interkultureller Arbeit von Nöten war:

Sackgasse 1:

„Interkulturelle Pädagogik ist die Förderung ausländischer Kinder. Sie sollen die hiesige Kultur kennenlernen und die deutsche Sprache erlernen" (Wagner; Şikcan, 2003, S. 10).

Problematisch daran sei die "Defizitorientierung": Am Kind würde hauptsächlich das gesehen, was es nicht "ausreichend" kann. Eine anerkennende Annäherung an das Kind würde erschwert und seine Fähigkeiten und Stärken häufig verkannt. Schwächen der Einrichtungen seien hingegen häufig kein Thema.

Sackgasse 2:

„Interkulturelle Pädagogik ist die Bereicherung der deutschen Mehrheitskinder. Sie sollen andere Kulturen kennenlernen und so ihren Horizont erweitern" (Wagner; Şikcan, 2003, S. 10).

Problematisch hieran sei die "touristische Orientierung": Im Gegensatz zur Thematisierung der Lebensrealitäten würden Stereotype, die die Fremden als etwas Exotisches oder Besonderes darstellen, übermittelt und Vorurteile verstärkt, indem kulturell Besonderes vielfach als typisch für eine ganze Nation begriffen wird.

Sackgasse 3:

„Interkulturelle Pädagogik ist die Gleichbehandlung aller Kinder. Es werden keine Unterschiede gemacht und so lernen sie, dass Unterschiede unwichtig sind" (Wagner; Şikcan, 2003, S. 10).

Problematisch daran sei die „Leugnung tatsächlicher Unterschiede in den Lebensverhältnissen der Kinder und ihrer Familien" (Hahn, 2002, S. 38), also die "Farbenblindheit". Insbesondere Erfahrungen von Minoritätsangehörigen wie Diskriminierungen würden dabei nicht beachtet, was deren gesellschaftliche Randstellung weiter verstärke.

Sackgasse 4:

„Interkulturelle Pädagogik ist die Erziehung zur Toleranz. PädagogInnen werden sich ihrer verinnerlichten Vorurteile bewusst und bauen sie ab" (Wagner; Şikcan, 2003, S. 10).

Problematisch hieran sei, dass dem Begriff der Toleranz ein Machtverhältnis innewohnt, zwischen der Person die toleriert und derjenigen, die toleriert wird. Des Weiteren würde Rassismus so als das Problem von einzelnen Intoleranten dargestellt sowie dessen institutionelle Verankerung leicht übersehen.

Basierend auf diesen Erkenntnissen reflektierten und veränderten von Anfang 2000 bis Mitte 2003 im Projekt 'Kinderwelten' vier ausgewählte Projektkindertageseinrichtungen in Berlin-Kreuzberg, jeweils betreut von einer Fortbildnerin, und in der Zeit von Mitte 2001 bis Mitte 2003 im Projekt 'fair-Bindungen' 19 Berliner und Brandenburger Kindertageseinrichtungen ihre pädagogische Praxis mit Blick auf die Ziele vorurteilsbewusster Arbeit. Beide Projekte waren dabei in vier Phasen, den vier Planungsschritten des Situationsansatzes, gegliedert: (1) Situationen analysieren, (2) erreichbare Ziele bestimmen, (3) Praxis gestalten, (4) Auswerten und reflektieren des Erreichten. Im Projekt 'fair-Bindungen' dienten überregionale Arbeitskonferenzen und regionale Workshops mit jeweils mind. drei kontinuierlichen Projektbeauftragten pro Einrichtung (eine Leitungskraft, zwei Erzieher/innen) dem Erproben der zuvor in 'Kinderwelten' konzipierten Qualifizierungsverfahren und Instrumente. Diese Verfahren und Instrumente sollten dann durch die Projektbeauftragten in die jeweiligen Einrichtungen getragen und dort nach Möglichkeit umgesetzt werden.

In der Projektpraxis wurde sich u.a. die Frage gestellt, wie die Einrichtungen effektiver auf die Eltern zugehen könnten. Hier hätte sich bspw. Anhand von Elterngesprächskreisen in Türkisch und Arabisch gezeigt, dass diesen Eltern, entgegen dem Vorurteil, viel am fachlichen Rat der Erzieherinnen und am Austausch mit anderen Eltern gelegen ist. Gelegenheiten für solch einen Austausch ergaben sich z. B. auch bei Mütterfesten oder bei mehrsprachigen, durch die Eltern mitgestalteten Lesefesten.

Des Weiteren wurde versucht, den Kommunikationsstil den Eltern gegenüber und im Kindertageseinrichtungsteam selbst zu entwickeln. Für die Einrichtungsleiterinnen spielte hier bspw. besonders die Beschäftigung mit der eigenen Macht und der Hierarchie in der Einrichtung eine tragende Rolle.

Viel wurde auch an einer vorurteilsbewussten Lernumgebung gearbeitet: Es wurde versucht, stereotype Darstellungen von Personen in Büchern oder auf Bildern zu vermeiden; es gibt in den Einrichtungen nun Buntstifte in mehreren (tatsächlichen) Hautfarben, die den Kindern ermöglichen, ihre eigene Hautfarbe zu identifizieren und wahrzunehmen, dass es viele unterschiedliche Hautfarben gibt; Fotos der Kinder und deren Familien prägen nun das Einrichtungsbild und zeigen deren Unterschiede und Vielfalt; einige Kinder haben Barbies so verändert, dass sie mehr Ähnlichkeit mit realen Frauen haben; so genannte Personal Dolls (Puppen mit "eigener Persönlichkeit") regen die Kinder nun dazu an, über Gemeinsamkeiten, Unterschiede und Erfahrungen so zu sprechen, dass niemand stigmatisiert wird usw. (vgl. Wagner, 2003b, S. 8f).

Besprechung:

Dieses Fazit einer Projektverantwortlichen in einem Bericht über die 'Kinderwelten'-Abschlusstagung im Juni 2003, der sich weitgehend mit eigenen Beobachtungen innerhalb des absolvierten Praktikums deckt, kann einen Eindruck davon vermitteln, zu welch wertvollen Resultaten ein vorurteilsbewusster Ansatz führen kann.

„Mit einer szenischen Collage [...] stimmen am Projekt Beteiligte ihr Publikum ein: Da sitzen Erzieherinnen beisammen und planen ihr interkulturelles Sommerfest. Sie kommen ins Grübeln und fragen sich: „Was ist das eigentlich interkulturell? Reicht es aus, wenn die Familien einmal im Jahr ihre kulinarischen Spezialitäten auftischen dürfen? Mi Lei erzählt, dass sie zu Hause nie Frühlingsrollen essen. Die türkische Kollegin will sich nicht mehr „auf Börrek und Bauchtanz festlegen lassen" Und Noas Vater hat das Trommeln nicht in Ghana, sondern an der Volkshochschule Steglitz gelernt...". Was für eine enge, folkloristische Sicht! Das Publikum amüsiert sich, denn es weiß inzwischen: Ein vorurteilsbewusster Ansatz ermöglicht den Blick auf die tatsächliche Vielfalt, nicht nur was Herkunft und Sprache angeht, sondern auch Hautfarbe, Geschlecht, den sozialen Status, Bildungsstand, Behinderung, sexuelle Orientierung. Er lenkt den Blick auf Einseitigkeiten, Vorurteile und auf den diskriminierenden Umgang mit Unterschieden, den bereits kleine Kinder wahrnehmen" (Wagner, 2003b, S. 7).

Dass der Blick auf die tatsächliche, nicht nur die nationale und ethnische Vielfalt, auf die Vorurteile und auf den diskriminierenden Umgang mit Unterschieden innerhalb einer Tageseinrichtung gerichtet wird, entspricht vollends dem dieser Arbeit zugrunde liegenden Verständnis von interkulturellem Lernen. Überdies kann aufgrund der in 'Kinderwelten' und 'fair-Bindungen' erzielten Resultate davon ausgegangen werden, dass die entwickelten Verfahren und Instrumente hochwertige pädagogische Qualität im Themenfeld des interkulturellen Lernens sicherstellen können. Exemplarisch lässt sich diese Feststellung zudem durch folgende Aussage im 'Kinderwelten' Abschlussveranstaltungsbericht stützen:

„Manche sagen, sie seien erst am Anfang eines Weges, der sie zu weiteren Veränderungen ihrer Kitapraxis führen wird, damit ihre Einrichtungen offene, einladende Orte für Kinder und ihre Familien werden, in denen die Vielfalt menschlicher Erfahrungen und Gewohnheiten nicht länger als „Störung" oder „Problem" angesehen, sondern zum Bildungsinhalt wird. Sie haben die deutliche Positionierung gegen Rassismus und andere Diskriminierungen in ihr Kita-Profil aufgenommen und damit eine besondere Verantwortung im öffentlichen Erziehungs- und Bildungssystem übernommen." (Wagner, 2003b, S. 9)

Auch wenn diese Aussagen aufgrund der Funktion der Autorin als Projektverantwortliche nicht allen Ansprüchen wissenschaftlicher Repräsentativität entsprechen sollten, lässt sich, durch eigene Beobachtungen unterstützt, dennoch festhalten, dass sich die Projektkindertageseinrichtungen der Projekte 'Kinderwelten' und 'fair-Bindungen' mit Hilfe der Verfahren und Instrumente der vorurteilsbewussten Pädagogik scheinbar auf einen guten Weg interkulturellen Lernens gemacht haben.

Die Problematik vorurteilsbewusster Pädagogik könnte jedoch darin gesehen werden, dass sie einen intensiven, tiefgehenden und kritischen (Selbst)-reflektionsprozess erfordert. Sich den eigenen kulturellen Hintergrund bewusst zu machen und herauszufinden, welchen Einfluss er auf das berufliche Handeln hat, kann die Selbstwahrnehmung, also die Ich-Identität, verändern, da sich die Frage nach dem "wer bin ich?" (aufs Neue) gestellt werden muss. Dies ist ein möglicherweise schmerzhafter, in jedem Falle komplizierter und zeitaufwendiger Weg, den eventuell nicht alle Fachkräfte zu beschreiten bereit sind. Aber da interkulturelles Lernen als ein Prozess zu verstehen ist, in dessen Verlauf sich auch der Umgang mit der eigenen Identität verändern soll, ist dieser beschwerliche (Selbst)reflektionsprozess eine unerlässliche Komponente interkulturellen Lernens. Wie beschwerlich dieser Weg ist, lässt sich auch aus der persönlichen Erfahrung der 'fair-Bindungen'-Projektpraxis während des Praktikums berichten. Denn bei den Reflektionsworkshops des Projekts zeichneten die Fachkräfte die Projektanfangsphase fast übereinstimmend als entweder "wellig", "steinig" oder "steil" usw. Nach dieser beschwerlichen Anfangszeit aber sahen viele "Licht" und fühlten sich bereit für diesen Weg und zufrieden darüber, auf ihn gebracht worden zu sein. So lautete auch der Titel der 'Kinderwelten'-Abschlussveranstaltung 'Wir haben uns auf den Weg gemacht'. Dass dieser Weg der vorurteilsbewussten Pädagogik ein solch zeitaufwendiger und beschwerlicher ist, könnte aber dennoch als problematisch angesehen werden, da die Frage "Erst nach drei Jahren auf den Weg gemacht?" aufgeworfen werden könnte. Hier gilt es, wenn möglich, Methoden zu entwickeln, diesen Weg zu verkürzen und zu "vereinfachen".

Auf Grundlage der im A-, und B-Teil gelegten theoretischen Basis soll nun im folgenden Teil C dieser Arbeit der Qualitätsbereich 'Interkulturelles Lernen' des QKK's der Teilprojekte I und II der NQI analysiert werden.

Analyse des Qualitätsbereichs 'Interkulturelles Lernen'

7. Der Qualitätsbereich 'Interkulturelles Lernen' des QKK

In diesem Kapitel wird der Qualitätsbereich 'Interkulturelles Lernen' des QKK's seinem Aufbau folgend zusammengefasst und analysiert. Zunächst werden dazu die zentralen Aussagen, die zu diesem Qualitätsbereich in der Einleitung des gesamten QKK's gemacht werden und diejenigen in der Einleitung des Qualitätsbereichs an sich vorgestellt und anschließend im Hinblick auf die zuvor getroffenen Prämissen analysiert. Dieses Verfahren wird im Folgenden ebenso auf die einzelnen Leitgesichtspunkte angewendet.

Bevor jedoch hierzu gekommen wird, soll zunächst die Tatsache hinterfragt werden, dass interkulturelles Lernen überhaupt einen eigenständigen Qualitätsbereich darstellt.

7.1. Interkulturelles Lernen als Qualitätsbereich

Mit der Erstellung und der Aufnahme des Qualitätsbereichs 'Interkulturelles Lernen' in den QKK wurde der Notwendigkeit interkulturellen Lernens in Tageseinrichtungen für Kinder von 0-6 Jahren entsprochen. Die Aufnahme dieses Qualitätsbereichs bedeutet gleichsam, dass sich die Entwickler/innen des QKK's darüber einig sind, dass nur dann qualitativ hochwertige institutionelle Tagesbetreuung für Kinder von 0-6 Jahren erzeugt werden kann, wenn sich mit interkulturellem Lernen befasst wird.

Die Entscheidung, einen eigenständigen Qualitätsbereich 'Interkulturelles Lernen' bereit zu stellen, könnte jedoch Konsequenzen nach sich ziehen, die dem in dieser Arbeit auf der Grundlage moderner Konzepte des Kulturbegriffs entwickelten Verständnis von interkulturellem Lernen widersprechen.

Da Kultur im Alltag auf Herder zurückgehend (vgl. Kap. 5.3.1.) als Nationalkultur und interkulturelles Lernen als die Unterstützung von "ausländischen" Kindern verstanden wird, ist anzunehmen, dass Tageseinrichtungen mit nur wenigen oder keinen Kindern anderer nationaler oder ethnischer Kulturen nicht versuchen werden, den Qualitätsbereich 'Interkulturelles Lernen' umzusetzen. Dass interkulturelles Lernen also einen eigenständigen Qualitätsbereich darstellt, könnte zur Konsequenz haben, dass es nicht seiner Notwendigkeit entsprechend umgesetzt wird.

7.2. Einleitungen: Kriterienkatalog und Qualitätsbereich

In der Einleitung des Kriterienkatalogs heißt es zum Qualitätsbereich 'Interkulturelles Lernen', dass sich in ihm Kriterien finden lassen „die sich auf die bereichernde Begegnung verschiedener Kulturen in der Kindertageseinrichtung sowie auf einen reflektierten Umgang mit Vorurteilen, kulturellen Widersprüchen und Konflikten beziehen" (Tietze; Viernickel, 2002, S. 31).

Zu Beginn der Einleitung des Qualitätsbereichs wird hervorgehoben, welche Möglichkeiten kulturelle Vielfalt für die pädagogische Arbeit in Kindertageseinrichtungen bietet, da täglich und selbstverständlich „interkulturelle Situationen und Begegnungen zwischen Kindern und Erwachsenen" (Tietze; Viernickel, 2002, S. 207) stattfinden. Der Einrichtung würde daher die Aufgabe zukommen, dieses „Zusammenleben als wechselseitiges Lernen aller Kulturen aktiv zu unterstützen, die interkulturelle Arbeit auf den Gemeinsamkeiten der Kulturen aufzubauen und als grundlegendes Lernkonzept in der Einrichtung zu praktizieren"[19] (Tietze; Viernickel, 2002, S. 207).

7.2.1. Analyse

Auch hier könnte das Alltagsverständnis von Kultur als Nationalkultur von Bedeutung für die Umsetzung oder das Verständnis des Qualitätsbereichs 'Interkulturelles Lernen' sein. Denn weil beide Einleitungen dieses Verständnis nicht relativieren, stützen sie die Wahrnehmung von interkulturellem Lernen als Pädagogik für Einrichtungen mit einem (höheren) "Ausländeranteil". Die Meinung, dass interkulturelles Lernen für Einrichtungen mit fast oder gar keinen Kindern mit Migrationshintergrund belanglos sei, wird daher untermauert und die geläufige Aussage "wir haben kaum/ keine ausländische/n Kinder, also müssen wir auch kein interkulturelles Lernen machen" forciert.

Dieser Eindruck wird weiterhin dadurch verstärkt, dass das Hauptaugenmerk in der Einleitung des Qualitätsbereichs auf den Kindern "anderer Herkunftskulturen" liegt: Diese sollen von den Erzieherinnen u.a. hinsichtlich ihres Spielverhaltens, ihrer Kontakte zu den anderen Kindern in der Gruppe, ihrer deutschsprachigen Entwicklung oder ihrer Persönlichkeitsentwicklung beobachtet und unterstützt werden.

Daher drängt sich bei der Lektüre dieser beiden Einleitungen der Eindruck auf, dass interkulturelles Lernen im QKK vorwiegend als Ausländerpädagogik, also die Förderung von Migrantenkindern, zu verstehen ist.

Des Weiteren fehlen in den beiden Einleitungen gänzlich Argumentationen die begründen, weshalb interkulturelles Lernen auch in Einrichtungen ohne oder mit kaum Kindern mit Migrationshintergrund praktiziert werden sollte bzw. muss: Zu nennen wären bspw. der zunehmende Rechtsextremismus, die anwachsende nationale und ethnische Heterogenität Deutschlands oder dass

---

[19] Im QKK wird hier in einer Fußnote darauf hingewiesen, dass dieser Qualitätsbereich in engem Zusammenhang mit den Qualitätsbereichen 'Eingewöhnung', 'Soziale und Emotionale Entwicklung' sowie 'Sprache und Kommunikation' zu sehen ist und dass interkulturelle Aspekte auch im Qualitätsbereich 'Leitung' thematisiert werden.

die "interkulturelle Kompetenz" eine Grundqualifikation für das zukünftige Leben aller deutschen Kinder in einer globalisierten Welt sein wird usw. (vgl. Kap. 5.1.5.; Kap. 6.1.).

Die Einleitungen suggerieren also, dass Kindertageseinrichtung sozusagen als "Inseln" betrachtet werden können, auf denen, wenn genügend Kinder anderer Herkunftskulturen vorhanden sind, interkulturelles Lernen praktiziert werden sollte. Falls allerdings kaum Kinder anderer Herkunftskulturen anwesend sind, müsse interkulturelles Lernen nicht stattfinden. Dies widerspricht jedoch, wie in Kapitel 5.3.3. dargelegt, dem dieser Arbeit zugrunde liegenden Verständnis interkulturellen Lernens und kann in die erste Sackgasse interkultureller Pädagogik führen (vgl. Kap. 6.2.2.1.).

7.3. Leitgesichtspunkt Räumliche Bedingungen

Im ersten Leitgesichtspunkt wird betont, dass die gesamten Räumlichkeiten der Kindertageseinrichtung, von Eingangsbereich bis Außengelände, die Multikulturalität der Einrichtung ausdrücken sollten. „Alle vertretenen Kulturen und Sprachen sind in der gesamten Einrichtung und auf dem Außengelände sichtbar, hörbar und erlebbar" (Tietze; Viernickel, 2002, S. 209). Dies sollte bspw. anhand von Tafeln geschehen, die u.a. über die in der Einrichtung vertretenen Nationalitäten und Kulturen oder über kulturelle Feiertage und Feste informieren. Ein multikultureller Speiseplan in den verschiedenen vertretenen Sprachen sowie Fotowände in den Gruppenräumen, auf denen die Kinder mit ihren Familienangehörigen und gegebenenfalls Bilder aus deren Herkunftsländern zu sehen sind, stellen ebenso Qualitätskriterien dar, wie Informationstafeln in den Räumen, die über alle in der Gruppe vertretenen Kulturen und Sprachen Auskunft geben. Zudem sollten sich Ausstattungsgegenstände, Mobiliar und Medien aus den jeweiligen Kulturkreisen und in den Sprachen der Kinder in den Gruppenräumen befinden.

7.3.1. Analyse

An diesem Leitgesichtspunkt wird das Bestreben deutlich, die Kindertageseinrichtung den verschiedenen Lebensrealitäten der Kinder in der Einrichtung anzupassen, anstelle deren Lebensrealitäten an die bestehende Kindertageseinrichtung anzugleichen. Um dies zu verwirklichen, wird in den Qualitätskriterien auf einige der in 'Kinderwelten' und 'fair-Bindungen' erprobten "Methoden" (Familienfotowände, mehrsprachige Aushänge usw.) zurückgegriffen. Durch deren Umsetzung soll allen Kindern und Eltern vermittelt werden, dass sie wertgeschätzt sowie respektiert und nicht "bagatellisiert" oder marginalsiert werden. Dies kann eine positive Entwicklung der

Ich-Identität aller Kinder in der Einrichtung unterstützen, was wiederum dem ersten Ziel der vorurteilsbewussten Pädagogik (vgl. Kap. 6.2.2.) entspricht. Die Fragen, ob und wie interkulturelles Lernen allerdings in Einrichtungen ohne Kinder "anderer Herkunftskulturen" stattfinden soll oder kann, bleiben weiterhin ungeklärt, da sich fast alle Qualitätskriterien auf die in der Einrichtung konkret vertretenen Kulturen beziehen und der Kulturbegriff ausschließlich mit Sprache und Nationalität verknüpft wird.

7.4. *Leitgesichtspunkt Erzieherin-Kind-Interaktion*

Der Leitgesichtspunkt 'Erzieherin-Kind-Interaktion' ist im Qualitätsbereich 'Interkulturelles Lernen' in die drei Unterpunkte 'Beobachtung', 'Dialog- und Beteiligungsbereitschaft' sowie Impuls gegliedert.

Beobachtung:
Unter diesem Unterpunkt wird thematisiert, dass die Erzieherin in kulturell gemischten Gruppen besonders die Kinder anderer Herkunftskulturen beobachten sollte. Sie sollte darauf achten, wie diese Kinder Kontakt zu anderen Kindern in der Gruppe aufnehmen sowie darauf, wann sie sich einbringen oder zurückziehen. Zudem sollte u.a. auf deren Ausdrucksformen geachtet werden, ob und in welcher Sprache sie ihre Bedürfnisse kundtun, inwieweit sie in das Spielgeschehen der Kindergruppe integriert sind und über welche Konfliktbewältigungsstrategien sie verfügen und umsetzen.

Dialog- und Beteiligungsbereitschaft:
Hierunter wird angeführt, dass die Erzieherin allen unterschiedlichen Kulturen eine positive Grundeinstellung, Interesse und Respekt entgegen bringen sollte, indem sie bspw. Bücher aus allen vertretenen Kulturen in den Einrichtungsalltag integriert oder mit der Kindergruppe religiöse Institutionen, etwa eine Kirche oder eine Moschee, besucht. Sie sollte sich auch als Lernende geben, die nicht alles über Sprachen, Kulturen und Nationalitäten weiß und sich dazu in der Lage zeigen, kulturelle Widersprüche auszuhalten und „für sie nicht nachvollziehbare Anschauungen stehen zu lassen, ohne sie zu bewerten" (Tietze; Viernickel, 2002, S. 210).
Des Weiteren sollte die Erzieherin das Sprechen anderer Sprachen, insbesondere der Muttersprachen, zulassen und fördern sowie Kindern mit einer anderen Muttersprache im Alltag unterstützend zur Seite stehen.

Impuls:
Als ein notwendiger pädagogischer Impuls der Erzieherin für die Kinder gilt, dass sie „bei allen Kindern in der Gruppe Verständnis für die Situation von anderen Herkunftskulturen (z.B. Gespräche über Ängste, Unsicherheit,

das Gefühl, fremd zu sein)" (Tietze; Viernickel, 2002, S. 211) schafft. Des Weiteren sollten die Kinder der "anderen Herkunftskulturen" zum Sprechen, u.a. über ihre aktuelle Lebensumwelt, ermuntert und der hierfür benötigte Raum geschaffen werden. Die von der Erzieherin verwendete Sprache sollte hierbei korrekt, natürlich, differenziert und lebendig sein sowie die Neugier und das Spielinteresse der Kinder anregen und deutsche Sprachmuster zur Verfügung stellen.

Eine weitere Aufgabe der Erzieherin wäre die Unterstützung aller Freundschaften von Kindern unterschiedlicher Herkunftskulturen unabhängig von deren sprachlichen Zusammensetzung. Das letzte Qualitätskriterium dieses Leitgesichtspunkts bezieht sich auf das gemeinsame Erkennen und Thematisieren von kulturellen Gemeinsamkeiten, Unterschieden und Widersprüchen sowie die Sensibilisierung für diese.

7.4.1. Analyse

Am Leitgesichtspunkt Erzieherin-Kind-Interaktion wird deutlich, dass sich der Qualitätsbereich 'Interkulturelles Lernen' besonders auf den Umgang mit national und ethnisch gemischten Kindergruppen konzentriert und hierbei insbesondere auf den Umgang mit Kindern "anderer Herkunftskulturen". Wie der Kulturbegriff und somit der Ausdruck "andere Herkunftskulturen" aber zu verstehen ist, wird der Leserin bzw. dem Leser selbst überlassen, so dass er, dem Alltagsverständnis entsprechend, wohl als "Kinder, die selbst oder deren Eltern im Ausland geboren sind" zu verstehen sein wird. Des Weiteren werden unter ihn wohl auch Kinder mit nicht weißer Hautfarbe gefasst, egal ob sie selbst oder deren Eltern im Ausland geboren wurden. Der zugrunde liegende Kulturbegriff und somit auch das Verständnis von interkulturellem Lernen, unterscheiden sich also von dem dieser Arbeit zugrunde liegenden. In jedem Fall suggeriert und bezeichnet der Ausdruck "Kinder anderer Herkunftskulturen" eine Gegenüberstellung: Wir und die anderen. Und gerade auf die "anderen" Kinder konzentriert sich der Qualitätsbereich besonders. Dies wird besonders am Unterpunkt 'Beobachtung' deutlich. Alle hierunter fallenden Qualitätskriterien betreffen explizit die Kinder "anderer Herkunftskulturen".

So liest sich der Qualitätsbereich 'Interkulturelles Lernen' als "best practice" in Kindergruppen mit vielen Kindern mit Migrationshintergrund: Er beantwortet die Frage, "wie soll mit Kindergruppen mit multinationalem oder -ethnischem Hintergrund am besten umgegangen werden?" oder überspitzt: "wie soll mit dem Problem einer national und ethnisch heterogenen Gruppe am besten umgegangen werden?", indem er die "best practice" im Umgang mit Kindern "anderer Herkunftskulturen" beschreibt. Aber hier lässt sich u.a. die Frage stellen: Haben nicht besonders Kindertageseinrichtungen ohne oder mit nur wenigen Kindern "anderer Herkunftskulturen" hinsichtlich der Entwicklung von Vorurteilen oder "rechten Orientierungen" ein Problem?

7.5. *Leitgesichtspunkt Planung*

Auch der Leitgesichtspunkt Planung, der Leitgesichtspunkt im Qualitätsbereich 'Interkulturelles Lernen' mit den meisten Qualitätskriterien, unterteilt sich in drei verschiedene Unterpunkte: 'Grundlagen und Orientierung', 'pädagogische Inhalte und Prozesse' sowie 'Dokumentation'.

Grundlagen und Orientierung:
Die Qualitätskriterien unter diesem Unterpunkt beziehen sich auf die Informationen, Aktivitäten, Einstellungen usw. die der pädagogischen Arbeit in der Einrichtung zugrunde liegen sollten. Ein Qualitätskriterium lautet bspw.: „Die Planung der pädagogischen Arbeit basiert auf einer Konzeption der Einrichtung zur interkulturellen Zusammenarbeit" (Tietze; Viernickel, 2002, S. 212).

Das Einrichtungsteam sollte für alle Sprachen, Kulturen und Religionen offen sein und alle gleichermaßen würdigen. Des Weiteren sollten Teamsitzungen zu interkulturellen Themen durchgeführt werden, in denen u.a. die eigenen Einstellungen und Vorurteile gegenüber anderen Kulturen gemeinsam reflektiert werden.

Die Erzieherin sollte über die sprachlichen, kulturellen und individuellen Familiensituationen aller Kinder informiert sein und sie in die pädagogische Planung einbeziehen sowie die Muttersprache als Grundlage für das Lernen der deutschen Sprache fördern.

Die Rolle der Erzieherin sollte ferner "balancestiftend" zwischen „dem Bestärken der Kinder in ihrer Familienkultur und -sprache und der Vermittlung der deutschen Kultur und Sprache" (Tietze; Viernickel, 2002, S. 213) sein.

Pädagogische Inhalte und Prozesse:
Dieser Abschnitt stellt den Unterpunkt des Leitgesichtspunkts 'Planung' mit den meisten Qualitätskriterien dar, wobei er sich wiederum selbst in sechs Teilabschnitte gliedert.

Im Unterpunkt 'Eingewöhnung von Kindern aus anderen Herkunftskulturen' wird empfohlen, die Ankunft neuer Kinder aus anderen Herkunftskulturen gründlich vorzubereiten. Bspw. sollten aus der Familie bekannte kulturelle Bedingungen, wie die Essgewohnheiten vorbereitet und eine Betreuungsperson in der Gruppe ausgesucht worden sein. Ferner sollte die Erzieherin, falls sie nicht sprachlich mit dem Kind kommunizieren kann, darauf eingestellt sein, dies u.a. mit Gesten zu versuchen.

Im nächsten Unterpunkt wird auf die 'Zusammenarbeit mit Familien anderer Herkunftskulturen' Bezug genommen. Die sprachliche Situation des Kindes sollte bekannt sein und den Eltern die Beziehungen zwischen Sprach- und Identitätsbildung erläutert werden. Ferner sollten „eventuell auftretende Widersprüche bezüglich kultureller Normen und Wertvorstellungen oder religiöser Vorschriften (z.b. Vorschriften beim Essen, An- und Auskleide- regeln)" bereits in den ersten Gesprächen mit den Eltern geklärt und darüber informiert werden, „welche Wertvorstellungen und Familientraditionen in der Einrichtung konkret beachtet und umgesetzt werden können" (Tietze; Vier- nickel, 2002, S. 214). Des Weiteren sollte sich die Erzieherin in der Zu- sammenarbeit mit den Familien anderer Herkunftskulturen ihrer Vorurteile und -behalte bewusst sein und versuchen, deren Perspektive einzunehmen. Zudem wird angeregt, die Eltern der anderen Herkunftskulturen mit ihren lebenspraktischen und sprachlichen Kompetenzen in die pädagogische Arbeit einzubeziehen und sie mit visuellen Medien und bei informellen Treffen mit unterschiedlichen Aktivitäten über die Arbeit und das Zusammenleben in der Einrichtung zu informieren.

Unter der Überschrift 'Beteiligung am Tagesgeschehen' wird angeregt, dass Kindern, die die deutsche Sprache nur schlecht verstehen, durch wieder- kehrende Fixpunkte (gemeinsames Essen, regelmäßiges Vorlesen) ein Sicherheit vermittelnder Orientierungsrahmen angeboten werden sollte und dass Kinder anderer Herkunftskulturen besonders an Alltagsroutinen beteiligt werden sollten, „bei denen Sprechen und Tun eine Einheit bilden" (Tietze; Viernickel, 2002, S. 214).

Unter dem folgenden Unterpunkt 'Interkulturelle Angebote' wird empfoh- len, mit den Kindern Projekte zu den Themen Familie, Familienangehörige und unterschiedliche Familienkulturen durchzuführen sowie Sprach- und Fingerspiele, Märchen, Lieder, Tänze, Musikinstrumente usw. aus den in der Gruppe vertretenen Kulturen in die Alltagsplanung zu integrieren. Des Weiteren sollte den Kindern durch Ausflüge – bspw. zu einem chinesischen Lebensmittelgeschäft oder einem türkischen Bäcker – die Möglichkeit gegeben werden, die Sprache ihrer Herkunftskultur aktiv zu erleben.

Wichtig sei zudem, dass Kindern, die aus kulturellen oder religiösen Gründen die angebotenen Speisen nicht essen (falls erwünscht auch anderen Kindern) andere, gleichwertige Speisen oder Getränke zur Verfügung gestellt werden können.

Zudem sollte die Erzieherin Vorurteile, die im Spiel und in Gesprächen der Kinder sowie der Erwachsenen sichtbar werden, thematisch in ihrer Arbeit aufgreifen.

Im Unterpunkt 'Mehrsprachige Angebote' wird empfohlen, dass die Erzie- herin, entsprechend den in der Gruppe vertretenen Sprachen, regelmäßig gezielte zweisprachige Medienangebote organisieren sowie mit Eltern oder Kolleginnen aus unterschiedlichen Herkunftskulturen mehrsprachige Angebote und Aktivitäten planen sollte.

Im Unterpunkt 'Förderung in deutscher Sprache' wird angeregt, dass akzeptiert werden sollte, falls Kinder anderer Herkunftskulturen bei Spielen in deutscher Sprache zunächst nur zuschauen wollen und dass die Erzieherin durch Finger- und Singspiele, Bilderbuchbetrachtungen, Erzählungen, Wahrnehmungsspiele (Riechen, Fühlen, Sprechen) usw. in deutscher Sprache das Sprachverständnis und die Motivation dieser Kinder, die deutsche Sprache zu verstehen, zu sprechen und zu lernen fördern kann.

Dokumentation:

Als Grundlage der interkulturellen Angebote wird zunächst die Dokumentation der Familiensituation der Kinder Nahe gelegt.

Im Folgenden wird zur Sprachförderung von Kindern anderer Herkunftskulturen die regelmäßige Dokumentation einzelner Sprechsituationen im Spiel oder Alltagshandeln und der Sprachkompetenz empfohlen, sowie die regelmäßige Überprüfung des Sprachentwicklungsstandes dieser Kinder durch Beobachtungsinstrumente. Des Weiteren sollte die Erzieherin dokumentieren, inwieweit die Kinder anderer Herkunftskulturen, die nicht oder kaum die deutsche Sprache sprechen, an den Gruppenaktivitäten beteiligt und integriert sind sowie wer deren bevorzugte Spiel- und Gesprächspartner sind.

7.5.1. Analyse

An diesem Leitgesichtspunkt wird besonders deutlich, dass sich der Qualitätsbereich 'Interkulturelles Lernen' im QKK an den Zielen vorurteilsbewusster Pädagogik orientiert. Besonders deutlich lässt sich das am Unterpunkt 'Grundlagen und Orientierung' veranschaulichen. Bspw. lässt sich die "Forderung", dass Teamsitzungen zu interkulturellen Themen durchgeführt werden sollten, in denen u.a. die eigenen Einstellungen gegenüber anderen Kulturen reflektiert werden, eindeutig auf das erste Ziel vorurteilsbewusster Pädagogik für Pädagog/innen – die Bewusstmachung des Einflusses des eigenen kulturellen Hintergrundes – zurückführen. Zudem steht das zweite dieser Ziele (vgl. Kap. 6.2.2.) ebenso augenscheinlich hinter dem Qualitätskriterium welches besagt, dass die Erzieherin über die sprachlichen, kulturellen und individuellen Familiensituationen aller Kinder informiert sein sollte.

Um diesen Zusammenhang noch deutlicher werden zu lassen, lässt sich des Weiteren auf das Qualitätskriterium 3.31 aus dem Unterpunkt 'interkulturelle Angebote' der 'pädagogischen Inhalte und Prozesse' eingehen: Dort heißt es, dass die Erzieherin Vorurteile, die im Spiel und den Gesprächen der Kinder und der Erwachsenen deutlich werden, thematisch in ihrer Arbeit aufgreifen sollte (vgl. Tietze, Viernickel, 2002, S. 215). Ein Qualitätskriterium, das sich eindeutig auf das Ziel 3 der vorurteilsbewussten Pädagogik für Kinder (vgl. Kap. 6.2.2.) und das Ziel 4 für Pädagog/innen (vgl. Kap. 6.2.2.) zurückführen lässt.

Auf diese Weise ließe sich die gesamte Analyse des Qualitätsbereichs fortsetzen. Die Qualitätskriterien wurden also mit Blick auf die Ziele vorurteilsbewusster Pädagogik formuliert: Bei den Kindern geht es im Kern um die Unterstützung der Entwicklung der Ich- und der Bezugsgruppen-Identität, den Umgang mit Menschen mit unterschiedlichen Erfahrungshintergründen, das kritische Nachdenken über Vorurteile sowie die Entwicklung der Fähigkeit, sich gegen Diskriminierung zur Wehr zu setzen. Für die Pädagog/innen beziehen sich die Qualitätskriterien auf den reflektierten Umgang mit dem eigenen kulturellen Hintergrund, die Haltung gegenüber den familiären Erziehungsvorstellungen, Lern- und Kommunikationsstilen der Kinder sowie die Bewusstmachung und Thematisierung von Diskriminierung und Einseitigkeiten.

Des Weiteren lässt sich anhand dieses Leitgesichtspunkts anschaulich verdeutlichen, dass sich die Qualitätskriterien des Qualitätsbereichs 'Interkulturelles Lernen', dem Prinzip des QKK's folgend, zwar überwiegend auf der Ebene der Prozessqualität verorten lassen, sich einige dieser Kriterien allerdings ebenso auf die Orientierungsqualität beziehen. So betreffen die meisten Kriterien die Erfahrungen und Interaktionen der Kinder in der Einrichtung, die Kontakte der Erzieher/innen zu den Eltern sowie die bereitgestellten Materialien, Bildungsinhalte, Aktivitäten und Angebote, einige jedoch auch darauf, was das Einrichtungsteam "im Kopf hat". Qualitätskriterien, die sich auf die Strukturqualität beziehen, spielen allerdings in diesem Qualitätsbereich keine Rolle, da sie der Praxis überwiegend durch politische Entscheidungen vorgegeben werden.

7.6. Leitgesichtspunkt Vielfalt und Nutzung von Material

Bei der Auswahl und Nutzung von Material sollte neben der kulturellen Vielfalt besonders darauf geachtet werden, dass es der Stereotypenbildung entgegenwirkt. So werden u.a. Materialien wie Bilder, Bücher und Hörspielkassetten empfohlen, welche die Vielfalt innerhalb von Kulturkreisen, z. B. durch die Darstellung unterschiedlicher Familienstrukturen, darstellen. Zudem sollten die vorhandenen Kinderbücher, Spiele, auditiven Medien, Einrichtungsgegenstände usw. die Herkunftskulturen aller Kinder in der Gruppe repräsentieren und in der Bücherecke zweisprachige Bücher, Hörspiel- und Liedkassetten oder CD's zur Verfügung stehen.

7.6.1. Analyse

Auch an diesem Leitgesichtsichtpunkt lässt sich eindrücklich veranschaulichen, wie sich bei der Formulierung der Qualitätskriterien des Katalogs an den Verfahren und Instrumenten der vorurteilsbewussten Pädagogik orientiert wurde. So lässt sich in ihm, genau wie in den Projekten 'Kinderwelten' und 'fair-Bindungen' angestrebt und praktiziert, die Forderung finden, dass das Material der Einrichtung kulturell vielfältig sein und der Stereotypenbildung entgegenwirken sollte, indem Materialien verwendet werden sollten, welche die Vielfalt innerhalb von Kulturen darstellen.

7.7. Leitgesichtspunkt Individualisierung

Der fünfte Leitgesichtspunkt befasst sich mit der „Achtung vor der Persönlichkeit eines jeden Kindes und seinen individuellen Zugängen" (Tietze; Viernickel, 2002, S. 34). Im Qualitätsbereich 'Interkulturelles Lernen' unterteilt er sich in zwei Unterpunkte. Der zweite hiervon, 'Individueller Umgang mit Material und Angeboten', beinhaltet allerdings nur ein Qualitätskriterium, mit welchem empfohlen wird, dass jedes Kind der Gruppe eine eigene Kassette besitzen sollte, die mit dessen Lieblingsliedern o. ä. bespielt ist.

Berücksichtigung individueller Bedürfnisse und Interessen:
Unter diesem Abschnitt des Leitgesichtspunkts 'Individualisierung' wird betont, dass die Erzieherin jedem Kind ihre Wertschätzung bezüglich dessen Herkunft, Familienkultur- und sprache entgegenbringen, sowie äußerlich sichtbare religiöse oder kulturelle Zeichen respektieren sollte. Ein weiteres Qualitätskriterium lautet: „Die Erzieherin bestärkt jedes Kind in seiner „Ich-Identität" (d. h. in seiner Familienkultur und – sprache) und unterstützt alle Kinder bei der Entwicklung eines positiven Selbstbildes" (Tietze; Viernickel, 2002, S. 217). Des Weiteren sollte die Bezugsgruppenidentität – Freundeskreis, religiöse Zugehörigkeit, Freizeitaktivitäten – aller Kinder akzeptiert, geschätzt und unterstützt, sowie jedem Kind einer anderen Herkunftskultur bei dessen täglichen "Reise" zwischen den verschiedenen Kulturen beigestanden werden. Hierfür sei diesen Kindern dabei zu helfen, „widersprüchliche Situationen, die das Leben in unterschiedlichen kulturellen Zusammenhängen und Wertesystemen mit sich bringt, zu erkennen, auszuhalten und einen eigenen Standpunkt zu entwickeln" (Tietze; Viernickel, 2002, S. 218). Empfohlen wird zudem die intensive emotionale, sprachliche und zeitliche Zuwendung der Erzieherin zu den Kindern anderer Herkunftskulturen. Ferner sollte die Erzieherin diese Kinder zum sprachlichen Austausch mit ihr und den anderen Kindern anregen, wobei sie das individuelle Tempo und die individuelle Art des Erlernens der deutschen Sprache respektieren und bei sprachlichen Äu-

ßerungen weder die Aussprache noch die Grammatik korrigieren, sondern positive und ergänzende Rückmeldungen geben sollte. Wichtig sei bei mehrsprachig aufwachsenden Kindern zudem das Anerkennen von "Sprachmischungen" und des "Sprachenwechsels" als normale Sprachentwicklungsschritte. Sprachlich unsicheren Kindern sollte des Weiteren die Zeit gelassen werden, das Gruppengeschehen nur zu beobachten und für jedes Kind einer anderen Herkunftskultur ein individuelles Konzept zur Sprachförderung erarbeitet werden.

7.7.1. Analyse

Anhand eines Beispiels aus diesem Leitgesichtspunkt kann gut verdeutlicht werden, dass sich auch die 'Ziele interkultureller Erziehung und Bildung' nach Nieke' (vgl. Kap. 5.3.4.), ebenso wie diejenigen der vorurteilsbewussten Pädagogik (vgl. Kap. 6.2.2.), in diesem Qualitätsbereich abbilden. Denn im Qualitätskriterium 5.2 (vgl. Viernickel; Tietze, 2002, S. 217) wird als "best practice" beschrieben, dass Erzieherin die äußerlich sichtbaren religiösen oder kulturellen Zeichen respektiert. Hier spiegelt sich das Ziel 4 'Interkultureller Erziehung und Bildung' nach Nieke wieder, welches er als die 'Akzeptanz von Ethnizität' bezeichnet (vgl. Kap. 5.3.4.). Die Einrichtung sollte somit den Qualitätskriterien folgend zur Verwirklichung dieses Ziels mit "gutem Beispiel" vorangehen.

Bemerkenswert ist zudem, dass in den Leitgesichtspunkten 5. 3. und 5. 4. (vgl. Tietze; Viernickel, 2002, S. 217) das Ziel 1 der vorurteilsbewussten Pädagogik fast identisch wieder gegeben wird, verbunden mit Empfehlungen, wie dessen Realisierung durch die Berücksichtigung der Bedürfnisse der Kinder gefördert werden könnte.

7.8. Leitgesichtspunkt Partizipation

Der Leitgesichtspunkt Partizipation befasst sich mit der Teilnahme der Kinder an den Entscheidungs- und Gestaltungsprozessen. Er unterteilt sich in drei Unterpunkte, die aber nur bis zu fünf Qualitätskriterien umfassen, so dass sie hier nicht unter unterschiedliche Titel gefasst werden.

Der Unterpunkt 'Einbeziehung der Kinder in Entscheidungsprozesse' beinhaltet Qualitätskriterien welche besagen, dass die Kinder anderer Herkunftskulturen, entsprechend ihrer Interessen und Bedürfnisse, in alle Gruppenvereinbarungen und -entscheidungen einbezogen werden sollten. Ferner sollten zur Förderung der deutschen Sprache gemeinsam mit den Kindern feste Zeiten vereinbart werden, zu denen deutsch gesprochen wird.

Im Unterpunkt 'Einbeziehung der Kinder in Gestaltungsprozesse' wird auf den Einbezug der Kinder aus anderen Herkunftskulturen in die Planungen von Aktivitäten Wert gelegt sowie darauf, dass die Erzieherin gemeinsam mit den Kindern Mobiles, Fotogeschichten, Diashows, Bilderbücher oder Memorys[20] von den in der Gruppe vertretenen Familien und Kulturen gestaltet, wobei gegebenenfalls die Eltern oder eine die Sprache des Kindes sprechende Kollegin einbezogen werden sollte. Zudem sollten gemeinsam mit den Kindern und den Eltern Feste unter Berücksichtigung aller in der Gruppe vertretenen Religionen und Kulturen geplant und gefeiert werden.

Das letzte Qualitätskriterium des Qualitätsbereichs 'Interkulturelles Lernen' befindet sich im Unterpunkt 'Balance zwischen Individuum und Gruppe'. Hierin wird hervorgehoben, dass in der Kindergruppe Regeln und Gewohnheiten existieren, die möglicherweise in den Familien anders gelebt werden. Hierfür sollte die Erzieherin Verständnis bekunden, aber „in der Gruppe auf die Einhaltung der mit den Kindern vereinbarten Regeln [achten], ohne die Vorstellungen der Familien abzuwerten" (Tietze; Viernickel, 2002, S. 219).

7.8.1. Analyse

Auch in diesem Leitgesichtspunkt lassen sich deutlich die Parallelen zwischen der (angestrebten) 'Kinderwelten' und 'fair-Bindungen'-Projektpraxis und der mit den Qualitätskriterien beschriebenen "besten Praxis" erkennen. Dies gilt insbesondere für die angestrebte Partizipation der Eltern der Kinder anderer Herkunftskulturen an Gruppenaktivitäten oder Festen. Auch hier gilt: Stets die Ziele vorurteilsbewusster Pädagogik im Blick, sollen „alle vertretenen Kulturen und Sprachen [...] sichtbar, hörbar und erlebbar" (Tietze; Viernickel, 2002, S. 209) sein.

Wichtig erscheint den Autor/innen des Qualitätsbereichs zudem, dass stets alle Kinder an den Entscheidungsprozessen in der Kindergruppe mitwirken können. Ein Kennzeichen dafür, dass bei den Kindern auch die Autonomieentwicklung unterstützt werden soll, da eine Erziehung zur Autonomie deren Gewährung voraussetzt (vgl. Priebe, 2002).

Im Hinblick auf die Übereinstimmungen zwischen den '10 Zielen Interkultureller Erziehung und Bildung' nach Nieke und den Qualitätskriterien lässt sich exemplarisch das Qualitätskriterium 6. 8, herausgreifen. Hierin heißt es, dass in den Kindergruppen eventuell Regeln und Gewohnheiten existieren, die in den einzelnen Familien anders gelebt werden. Diesbezüglich solle die Er-

---

[20] Im QKK fehlen hier im Anschluss an „*Memorys für...*" allerdings einige Wörter, so dass dieser Satz dort unvollständig ist (vgl. Qualitätskriterium 6. 4., Tietze; Viernickel, 2002, S. 219).

zieherin „Verständnis für andere Familientraditionen" äußern, aber auf „die Einhaltung der mit den Kindern vereinbarten Regeln [achten], ohne die Vorstellungen der Familien abzuwerten" (Tietze; Viernickel, 2002, S. 219). Dies stellt ein gutes Beispiel für eine Vorgehensweise im Sinne des Ziels 8 – Einüben in Formen vernünftiger Konfliktbewältigung – Interkultureller Erziehung nach Nieke dar. Dort heißt es, dass zur Lösung kulturbedingter Konflikte Methoden erforderlich seien, „mit denen begründet entschieden werden kann, welcher Anforderung nachzukommen ist und welche zurückgewiesen werden muss" (Nieke, 2000, S. 212). Dabei müsse für beide Konfliktparteien nachvollziehbar sein, worauf der Entschluss basiere und welche Konsequenzen alternative Entscheidungen voraussichtlich nach sich ziehen würden. Wenn also in der pädagogischen Praxis in der Einrichtung im Sinne der Qualitätskriterien gehandelt würde, dann würde ein positives Beispiel für die vernünftige Bewältigung kulturbedingter Konflikte gegeben.

7.9. Fazit: Qualitätsbereich 'Interkulturelles Lernen'

Der Qualitätsbereich 'Interkulturelles Lernen' im QKK orientiert sich an den Zielen und den "Methoden" der vorurteilsbewussten Erziehung. Somit zielt er für die Kinder auf die Unterstützung der Ich- und der Bezugsgruppen-Identität, einen ungezwungenen, einfühlsamen Umgang mit Menschen mit unterschiedlichsten Erfahrungshintergründen, das kritische Nachdenken über Vorurteile und die Fähigkeit, sich bei Diskriminierungen und Einseitigkeiten für sich und für andere einzusetzen.

Dies soll in erster Linie dadurch erreicht werden, dass sich alle in der Einrichtung vertretenen Kulturen, Sprachen, Nationalitäten und Länder, nicht stereotyp oder folkloristisch, sondern in ihrer tatsächlichen Vielfalt wertgeschätzt in der Alltagspraxis wieder spiegeln: In den räumlichen Bedingungen, den pädagogischen Inhalten, den Materialien, der pädagogischen Planung usw. Hierfür sollen explizit auch die Eltern der Kinder anderer Herkunftskulturen einbezogen werden.

Des Weiteren zielt der Qualitätsbereich auf einen reflektierten Umgang der Pädagog/innen mit ihrem kulturellen Hintergrund, deren respektvolle Haltung gegenüber den familiären Erziehungsvorstellungen, Lern- und Kommunikationsstilen der Kinder sowie auf eine Bewusstmachung und Thematisierung von Diskriminierungen und Einseitigkeiten in der täglichen Arbeit.

Das Fundament hierfür sind neben Offenheit, Respekt, Wertschätzung und Interesse, ein Konzept zur interkulturellen Zusammenarbeit sowie die gemeinsame Reflexion interkultureller Themen, wie den eigenen Einstellungen und Vorurteilen anderer Kulturen gegenüber.

Diese Konzentration auf die Ziele vorurteilsbewusster Pädagogik bringt mit sich, dass in dieser "best practice-Beschreibung" gleichsam die '10 Ziele Interkultureller Erziehung und Bildung' nach Nieke verfolgt werden. Denn die Qualitätskriterien zielen ebenso auf das Erkennen des eigenen Ethnozentrismus, den Umgang mit Befremdung, die Grundlegung von Toleranz, die Akzeptanz von Ethnizität, die Thematisierung von Rassismus, die Betonung des Gemeinsamen, die Solidarität, die Einübung in Formen vernünftiger Konfliktbewältigung kulturbedingter Konflikte, das Aufmerksamwerden auf Möglichkeiten gegenseitiger kultureller Bereicherung und die Entwicklung einer Wir-Identität (vgl. Kap. 5.3.4.). Dies wurde anhand von Beispielen exemplarisch verdeutlicht.

Aus diesen Gründen und da die verwendeten Methoden zur Erreichung dieser Ziele erfolgreich in den Projekten 'Kinderwelten' und 'fair-Bindungen' entwickelt und erprobt wurden, kann zu dem Schluss gekommen werden, dass die Qualitätskriterien im Qualitätsbereich 'Interkulturelles Lernen' des QKK's pädagogisch hochwertige Qualität im Themenfeld des interkulturellen Lernens darstellen. D. h. sie fördern einerseits das „körperliche, emotionale, soziale und intellektuelle Wohlbefinden und die Entwicklung der Kinder in diesen Bereichen [...] und [unterstützen] die Familie in ihrer Betreuungs- und Erziehungsaufgabe" (Tietze, 1999, S. 7), und andererseits würde deren Umsetzung die qualitativ hochwertige Verwirklichung eines pädagogischen Arbeitsprinzips bedeuten, mit dem ein offener, respektvoller und gerechter Umgang mit jedweder menschlicher Differenz erreicht werden soll. Dies gilt gleichermaßen für die Merkmale der Prozess- wie auch für diejenigen der Orientierungsqualität (vgl. Kap. 3.3.). Da sich die Qualitätskriterien allerdings in erster Linie auf die Interaktionen und Erfahrungen beziehen, die ein Kind in der Kindertageseinrichtung macht, thematisiert die Mehrzahl der Kriterien, am Prinzip des QKK's festhaltend, jedoch Aspekte der Prozessqualität. Eigenschaften der Strukturqualität spielen in diesem Qualitätsbereich keine Rolle, da sie überwiegend durch die Politik vorgegeben werden.

Problematisch erscheint am Qualitätsbereich 'Interkulturelles Lernen' des QKK's allerdings die Tatsache, dass interkulturelles Lernen einen eigenständigen Qualitätsbereich darstellt. Es wird zwar durch die Entwicklung und Aufnahme dieses Qualitätsbereichs in den QKK zu Recht der Notwendigkeit interkulturellen Lernens in Tageseinrichtungen für Kinder von 0-6 Jahren entsprochen. Aufgrund des Alltagsverständnisses von "Kultur" als Nationalkultur und "interkulturellem Lernen" als die Unterstützung von "ausländischen" Kindern, könnte dadurch, dass interkulturelles Lernen einen eigenständigen Qualitätsbereich darstellt, allerdings bewirkt werden, dass Einrichtungen mit fast oder gar keinen Kindern anderer nationaler oder ethnischer Kultur sich erst gar nicht mit diesem Qualitätsbereich und so auch nicht mit interkulturellem Lernen befassen. Dies könnte jedoch in Zeiten der zunehmenden globalen Vernetzung zu größeren Problemen führen.

Zudem erscheint problematisch, dass sich der Qualitätsbereich 'Interkulturelles Lernen' hauptsächlich auf die Kinder so genannter "anderer Herkunftskulturen" in der Einrichtung fokussiert. Rund 70% der Qualitätskriterien betreffen explizit die Umgangsweise mit Kindern oder Familien aus diesen anderen Herkunftskulturen in der täglichen Arbeit. Problematisch erscheint dies, da die Bezeichnung "andere Herkunftskulturen", dem Alltagsverständnis entsprechend und da sie im QKK vorwiegend mit Sprache und Nationalität verknüpft wird, als andere Nationalkulturen zu verstehen ist und nicht verdeutlicht wird, warum und wie interkulturelles Lernen auch in Einrichtungen ohne oder mit kaum solchen Kindern praktiziert werden sollte und könnte.

Dadurch widerspricht der Qualitätsbereich 'Interkulturelles Lernen' dem dieser Arbeit zugrunde liegenden Verständnis von interkulturellem Lernen, denn er vermittelt den Eindruck, dass interkulturelles Lernen eine Arbeitsweise vorwiegend für Einrichtungen mit nationaler oder ethnischer Vielfalt sei und dass sich interkulturelles Lernen in erster Linie um die Förderung "ausländischer" Kinder drehe. Hierdurch begünstigt der Qualitätsbereich jedoch eine Wahrnehmung von interkulturellem Lernen, die in die erste der vom Projekt 'Kinderwelten' entdeckten Sackgassen interkultureller Pädagogik führt. Es wird zwar betont, dass qualitativ gute pädagogische Arbeit mit nationaler und ethnischer Vielfalt die gesamte Alltagsgestaltung betrifft, so dass diese Form des interkulturelles Lernens auch auf alle deutschen Kinder und die Erzieherinnen in der Einrichtung und deren Einstellungen und Kompetenzen abzielt, aber ob ein Team einer Einrichtung mit nur wenigen Kindern anderer Herkunftskulturen die Umsetzung dieses Qualitätsbereichs anstreben wird, erscheint aufgrund seiner Formulierung äußerst fragwürdig. Zudem erscheint fraglich, ob die Eltern der Kinder "anderer Herkunftskulturen" in solchen Einrichtungen die Umsetzung der mit den Qualitätskriterien beschriebenen Methoden unterstützen würden, weil ihnen die Betonung ihrer "Andersartigkeit" unangenehm sein könnte. Ein Beispiel: In einer Einrichtung gibt es ein Kind französischer Herkunft. Den Eltern wäre es höchstwahrscheinlich unangenehm, wenn nun auch ein Speiseplan in ihrer Sprache angebracht würde. Pädagogisch wäre solch ein Herausgreifen einzelner Kinder und sie als "anders" darzustellen zudem nicht ratsam (vgl. Derman-Sparks; A.B.C. Task Force, 1989, S. 62).

Daher ist anzunehmen, dass der Qualitätsbereich 'Interkulturelles Lernen' aufgrund dieser Fokussierung auf die Kinder "anderer Herkunftskulturen" hauptsächlich in Einrichtungen mit einer hohen Zahl solcher Kinder bearbeitet wird. Dies würde jedoch bedeuten, dass interkulturelles Lernen nicht seiner Notwendigkeit entsprechend umgesetzt wird. Denn interkulturelles Lernen muss sich zwar, wofür dieser Qualitätsbereich auch steht, um einen angemessenen Umgang mit national und ethnisch heterogenen Kindergruppen und eine erfolgreiche Vorbereitung der Minderheitenkinder auf das Leben bemühen, aber zudem um ein konfliktfreies und gleichberechtigtes Miteinander von Mehrheit und Minderheit in der Gesellschaft. Hierzu bedarf es allerdings auch (oder gerade?) einer Pädagogik in national und ethnisch monokulturellen Einrichtungen.

Problematisch erscheint zudem die für den Qualitätsbereich grundlegende Formulierung "andere Herkunftskulturen", da sie die Gegenüberstellung "Wir" und "die Anderen" impliziert. Denn der Begriff "Andere" birgt einen Ausschluss- und Unterlegenheitscharakter. "Andere" sind "nicht richtig zugehörig" und daher den Zugehörigen unterlegen, da die Charakteristika der eigenen Wir-Gruppe bzw. die eigenen Kulturstandards im Gegensatz zu denjenigen der "Anderen" überwiegend mit einem positiven Wertakzent versehen sind (vgl. Kap. 5.3.2.). Die Deutschen werden so in gewisser Weise "den Anderen" gegenübergestellt – "die sind eben anders" – und so "über sie" gestellt. Denn: „'Anders' leben müssen oder wollen ist mit schmerzlichen Erfahrungen verbunden, mit 'unten sein', 'schlecht sein', 'weniger wert sein'" (Prengel, 1993, S. 16). Daher widerspricht der Ausdruck "andere Herkunftskulturen" im Prinzip dem in dieser Arbeit auf der Grundlage moderner Konzepte entwickelten Verständnis von interkulturellem Lernen, da er dem Ziel, aus dem Dilemma des sich "Anders-Fühlens" heraus helfen zu wollen und der Entwicklung einer Wir-Identität eher "im Weg" steht.

Zusammenfassend lässt sich somit festhalten: Als Stärken des Qualitätsbereichs 'Interkulturelles Lernen' im QKK lassen sich dessen "Methoden" für die Arbeit in den Einrichtungen und die dahinter stehenden Ziele beschreiben. Mit Blick auf die unter Kap. 5. 3. beschriebenen Grundbegriffe und Prämissen lässt sich an ihm aber zudem dessen Fokussierung auf die Kinder "anderer Herkunftskulturen" in der Einrichtung, die Bezeichnung "Kinder anderer Herkunftskulturen" selbst und der Fakt, dass das interkulturelle Lernen einen eigenen abgeschlossen Qualitätsbereich darstellt, kritisieren.

8. Anregungen zur Veränderung des Qualitätsbereichs 'Interkulturelles Lernen'

An dieser Stelle sollen einige Gedanken darüber angestellt werden, wie die in dieser Arbeit als Mängel wahrgenommenen Eigenschaften des Qualitätsbereichs 'Interkulturelles Lernen' des QKK's so verändert werden könnten, dass die Qualität der Tageseinrichtungen für Kinder von 0-6 Jahren auf dem Themenfeld des interkulturellen Lernens weiter verbessert werden kann.

Dies bedeutet, dass an den im Qualitätsbereich beschriebenen Methoden interkulturellen Lernens festgehalten werden soll, da sie eine pädagogisch hochwertige Qualität auf diesem Themenfeld darstellen. Im selben Zug sollen sich jedoch auch Lösungen für die Problematiken der Fokussierung auf die Kinder "anderer Herkunftskulturen", der Bezeichnung "Kinder anderer Herkunftskulturen" und dass interkulturelles Lernen einen eigenständigen Qualitätsbereich darstellt, überlegt werden. Hierbei soll mit Letzterem begonnen werden, da dies die grundsätzlichste Problematik des Qualitätsbereichs darstellt.

8.1. Interkulturelles Lernen als Qualitätsbereich

Da das Alltagsverständnis von interkulturellem Lernen immer noch sehr der Definition der Ausländerpädagogik gleicht, interkulturelles Lernen also meist als Förderung "ausländischer" Kinder verstanden wird, ist anzunehmen, dass die Qualitätskriterien des Qualitätsbereichs 'Interkulturelles Lernen' hauptsächlich von Kindertageseinrichtungsteams bearbeitet werden, die Probleme mit der Förderung solcher Kinder haben. Sei es mit der Sprachförderung oder der Förderung der sozialen Entwicklung usw. Aufgrund dessen lässt sich weiter vermuten, dass Kindertageseinrichtungen mit wenigen oder keinen "ausländischen" Kindern diesen Qualitätsbereich nicht bearbeiten werden. So erweist sich die Tatsache, dass interkulturelles Lernen einen eigenen Qualitätsbereich im QKK darstellt, als hinderlich zur Erlangung kultureller Gleichberechtigung und Anerkennung, der zuvor definierten Ziele interkulturellen Lernens. „Es geht um die Entwicklung egalitärer Differenz! Diese wendet sich damit auch gegen die Legitimation von Unterdrückung, Ausbeutung, Entwertung und Ausgrenzung durch Differenzen. Differenzen dürfen nicht mehr zur Legitimation von Hierarchien herangezogen werden" (Prengel, 1993, S. 180). Daher muss die Frage gestellt werden, wie die Ziele interkulturellen Lernens auch in Einrichtungen, die den Qualitätsbereich 'Interkulturelles Lernen' nicht bearbeiten, effektiver verfolgt werden können.

In Bezug auf den Qualitätsbereich 'Interkulturelles Lernen' könnte daher die Anregung gegeben werden, teilweise leicht umformulierte (vgl. Kap. 8.2.) Qualitätskriterien des Qualitätsbereichs 'Interkulturelles Lernen' viel stärker als in der momentanen Form in die restlichen Qualitätsbereiche zu integrieren. Denn die Vermeidung von stereotypen, folkloristischen Abbildungen in Büchern oder die Thematisierung von Vorurteilen und Einseitigkeiten in der Arbeit usw. sollte nicht erst dann stattfinden, wenn der Qualitätsbereich 'Interkulturelles Lernen' bearbeitet wird.

So könnte bspw. das Qualitätskriterium 4.1, „Bei der Auswahl von Material, Bildern, Büchern und Hörspielkassetten wird darauf geachtet, dass die Vielfalt innerhalb eines Kulturkreises (z.b. Darstellung unterschiedlicher Familienstrukturen, Traditionen oder Frauenbilder) zum Ausdruck kommt und keine Stereotype dargestellt werden" (Tietze; Viernickel, 2002, S. 217), dem Leitgesichtspunkt 'Vielfalt und Nutzung von Material' des Qualitätsbereichs 'Soziale und Emotionale Entwicklung' (vgl. Tietze; Viernickel, 2002, S. 149) zugeordnet werden usw. Solch eine Organisation des QKK's entspräche dann in höherem Maße der Vorstellung von interkulturellem Lernen als einem Arbeitsprinzip sozialen Lernens.

Der momentane Qualitätsbereich sollte jedoch dieser Umstrukturierung des QKK's nicht "zum Opfer fallen". Anzuregen wäre lediglich eine Umbenennung. Ein möglicher Vorschlag wäre 'nationale Vielfalt' oder 'Förderung von Kindern anderer Herkunftskulturen', da die Qualitätskriterien dieses Qualitätsbereichs eine "best practice" im Umgang mit nationaler und ethnischer Vielfalt in der Kindergruppe beschreiben. Interkulturelles Lernen aber auf dies zu reduzieren, führt in die erste Sackgasse interkultureller Pädagogik.

So könnte folgende Lösung der Problematik, dass interkulturelles Lernen einen eigenständigen Qualitätsbereich darstellt, angeregt werden: Es werden viele Qualitätskriterien dieses Qualitätsbereichs (u.a. in veränderter Form) in die anderen Qualitätsbereiche integriert und der Qualitätsbereich 'Interkulturelles Lernen' bleibt unter einem anderen Titel erhalten. So würde das Ziel eines konfliktfreien und gleichberechtigten Lebens in einer kulturell heterogenen Gesellschaft im gesamten Katalog verfolgt und ein pädagogisch hochwertiger Umgang mit national und ethnisch heterogenen Kindergruppen im Qualitätsbereich 'nationale Vielfalt' beschrieben.

8.2. *"Kinder anderer Herkunftskulturen"*

Mit dem Fokus der Qualitätskriterien auf die Kinder anderer Herkunftskulturen wird angestrebt, die tatsächliche nationale und ethnische Vielfalt in der Kindergruppe sichtbar zu machen und die Entwicklung der Bezugsgruppen- und Ich-Identität dieser Minderheitenkinder zu unterstützen. Die

Problematik der Bezeichnung "Kinder anderer Herkunftskulturen" liegt indes darin, dass sie eine Gegenüberstellung der deutschen Kinder und Erzieherinnen gegenüber diesen Kindern und Eltern impliziert. Die Problematik der Fokussierung auf diese Kinder ist zudem diejenige, dass vermittelt wird, interkulturelles Lernen sei an die Anwesenheit solcher Kinder gebunden.

Die hier angebrachte Anregung zur diesbezüglichen Veränderung des Qualitätsbereichs verbindet beide Problematiken miteinander. Denn einerseits könnte der Begriff der "Familienkulturen" stärker eingebracht und andererseits die Bezeichnung "Kinder mit Migrationshintergrund" verwendet werden.

Zunächst zu den Familienkulturen. Der Begriff "Familienkultur" bezeichnet „das jeweils einzigartige Mosaik von Gewohnheiten, Deutungsmustern, Traditionen und Perspektiven einer Familie, in das auch ihre Erfahrungen mit Herkunft, Sprache(n), Behinderungen, Geschlecht, Religion, sexueller Orientierung, sozialer Klasse usw. eingehen" (Wagner, 2003a, S. 42). Familienkulturen stärker in die Praxis einzubringen, ist ein Weg, interkulturelles Lernen auch dann durchzuführen, wenn kaum oder keine Kinder anderer nationaler oder ethnischer Kulturen in der Kindertageseinrichtung vertreten sind. Des Weiteren entwickeln Kleinkinder ihre (kulturelle) Identität und ein Bewusstsein davon, dass es auch andere Lebensweisen gibt, in erster Linie in Bezug auf ihre eigene Familie.

„Three-, 4-, and 5-year olds construct their cultural identity in relation to their families – their individuality and their group connection. Awareness of other cultural ways of being builds on children's understanding of their family context" (Derman-Sparks; A.B.C. Task Force, 1989, S. 57).

So könnte bspw. gleich das erste Qualitätskriterium (1.1.) des Qualitätsbereichs 'Interkulturelles Lernen' im QKK, „Alle vertretenen Kulturen und Sprachen sind in der gesamten Einrichtung und auf dem Außengelände sichtbar, hörbar und erlebbar" (Tietze; Viernickel, 2002, S. 209), umformuliert werden in „alle vertretenen Familienkulturen sind in der gesamten Einrichtung und auf dem Außengelände sichtbar und erlebbar". Dieses Qualitätskriterium könnte dann wiederum in den Leitgesichtspunkt 'Planung' des Qualitätsbereichs 'Raum für Kinder' (vgl. Tietze; Viernickel, 2002, S. 50f) integriert werden, um an die unter Kap. 8. 1. formulierte Anregung, Qualitätskriterien aus dem Qualitätsbereich 'Interkulturelles Lernen' in andere Qualitätsbereiche zu integrieren, anzuschließen.[21] Ebenso umformuliert und in andere Qualitätsbereiche integriert, könnten auch andere Qualitätskriterien werden. Bspw. das

---

[21] Wie alle vertretenen Familienkulturen in der gesamten Einrichtung erlebbar gemacht werden könnten, dazu ließe sich auf einige in 'Kinderwelten' und 'fair-Bindungen' erprobte und bereits in den Qualitätskriterien beschriebene Verfahren zurückgreifen (Fotowände, Memorys usw.).

Qualitätskriterium 2.7., „Die Erzieherin zeigt gegenüber allen Kulturen eine positive Grundeinstellung [...]" (Tietze; Viernickel, 2002, S. 210). Dessen umformulierte Version könnte lauten: „Die Erzieherin zeigt gegenüber allen Familienkulturen eine positive Grundeinstellung". Auch die spezifische Bezeichnung "andere Herkunftskulturen" könnte teilweise durch "Familienkulturen" ersetzt werden. Beispielhaft kann das am Qualitätskriterium 3.18 veranschaulicht werden. Es lautet: „Die Erzieherin bewertet die Familien anderer Herkunftskulturen nicht und wertet bestimmte Eigenheiten und Besonderheiten nicht ab. Sie bemüht sich, auch die Perspektive der Familien einzunehmen" (Tietze; Viernickel, 2002, S. 214). Hier ließe sich „Die Erzieherin bewertet die Familienkulturen nicht..." verwenden.

Solch ein Bezug auf Familienkulturen entspricht zudem eher dem dieser Arbeit zugrunde liegenden Motto interkulturellen Lernens "wir sind zwar alle anders, aber doch auch alle gleich", da die reale Differenz und Vielfalt, aber auch die Gleichheit zwischen den Kindern deutlicher sichtbar wird. Der Begriff Familienkultur sollte daher besonders bei Kriterien, die in andere Qualitätsbereiche verschoben oder integriert werden, verwendet werden, da er interkulturelles Lernen ermöglicht, ohne auf Kinder anderer nationaler oder ethnischer Kulturen angewiesen zu sein. Des Weiteren sollte versucht werden, dass er so häufig wie möglich die Bezeichnung "andere Herkunftskulturen" ersetzt, da der Einbezug der Familienkulturen in die Praxis gut zur Entwicklung einer Wir-Identität beitragen und aus dem Dilemma des "sich anders"-Fühlens heraushelfen kann. Zudem stärkt er die Ich-Identität und die Bezugsgruppen-Identität aller Kinder.

Stets kann er allerdings nicht verwendet werden, da sich die Qualitätskriterien, bspw. bei der Sprachförderung, häufig spezifisch auf die Kinder "anderer Herkunftskulturen" beziehen. Hier könnte die Bezeichnung "Kinder mit Migrationshintergrund" gewählt werden. Dies sollte aus zwei Gründen geschehen: Erstens suggeriert diese Bezeichnung nicht eine so starke Grenzziehung ("Wir und die Anderen"), wie die Bezeichnung "Kinder anderer Herkunftskulturen", da der Ausdruck "andere" wegfällt und weil sie auf einen möglicherweise gemeinsamen Aspekt in den Familiengeschichten der meisten Kinder in der Einrichtung verweist: Die Migration. Denn in vielen Familien spielte Migration eine Rolle[22]. Zweitens verdeutlicht der Ausdruck "Hintergrund", dass die Migration nur einen Aspekt der Identität des Kindes darstellt. Vielleicht ist es sogar in Deutschland geboren. Das Kind wird durch diesen Begriff also nicht so sehr darauf reduziert, dass es "anders" ist. Welche Kinder damit allerdings explizit gemeint sind, wird dennoch, genau wie mit der

---

[22] Hierzu könnten bspw. auch Fragebögen über die Familiengeschichten der Kinder ausgefüllt und gemeinsam thematisiert werden (vgl. Anhang).

Bezeichnung "Kinder anderer Herkunftskulturen", deutlich: Die Kinder mit unmittelbar bedeutsamem Migrationshintergrund, da sie eine andere Muttersprache sprechen, eine andere Nationalität besitzen usw.

Somit werden folgende Anregungen zur Lösung der zusammenhängenden Problematiken der Bezeichnung "Kinder anderer Herkunftskulturen" und der Fixierung auf diese Kinder angeregt: Zunächst sollte der Begriff der Familienkulturen eine größere Bedeutung erlangen und die Fixierung auf die Kinder "anderer Herkunftskulturen" relativieren. Dies würde die Möglichkeit erzeugen, dass auch in Kindertageseinrichtungen ohne oder mit kaum Kindern ethnischer und nationaler Vielfalt interkulturelles Lernen durchgeführt wird. Insbesondere dann, wenn solche Qualitätskriterien in die anderen Qualitätsbereiche integriert werden.

Falls allerdings die Bezeichnung Familienkulturen nicht verwendet werden kann, dann sollte auf den Ausdruck "Kinder mit Migrationshintergrund" zurückgegriffen werden. Denn diese Bezeichnung, ebenso wie der Einbezug der Familienkulturen in die tägliche Arbeit, kann in höherem Maße zu einer Entwicklung einer Wir-Identität beitragen und eignet sich besser dazu, aus dem Dilemma des "sich-anders"-Fühlens herauszuhelfen.

8.3. Praxisanregungen – eine Zusammenfassung

Zusammenfassend sollen nun stichpunktartig Prinzipen dargestellt werden, wie interkulturelles Lernen dem dieser Arbeit zugrunde liegenden Verständnis entsprechend umgesetzt werden könnte. Wie also pädagogisch hochwertige Qualität im Themenfeld des interkulturellen Lernens erreicht werden könnte. Da dies stichpunktartig geschieht, erhebt diese Aufzählung nicht den Anspruch auf Vollständigkeit, sondern möchte lediglich anregen. Weiteren "Praktiken" sind somit selbstverständlich denkbar.

Zu bemerken ist zudem, dass sich bei dieser Beschreibung insbesondere an den Methoden der vorurteilsbewussten Pädagogik orientiert wurde, da deren Anwendung – wie beschrieben – zu einer guten pädagogischen Qualität in diesem Bereich beitragen kann.

Alle vertretenen Familienkulturen sind in der gesamten Einrichtung sicht- und erlebbar:

- durch Familienfotowände
- durch den Einbezug der unterschiedlichen Familiensituationen in das Tagesgeschehen und die Aktivitäten
- durch die Materialien: Einrichtungsgegenstände, Spielmaterialien, Medien

- durch den Einbezug der Familien: Bei Festen, Ausflügen und anderen Aktivitäten
- durch Mehrsprachigkeit innerhalb der Einrichtung: Kinder, Aushänge, Medien (Bücher, Kassetten usw.), Elternarbeit usw.
- durch das Feiern der unterschiedlichen religiösen Feste der vertretenen Familien

Alle vertretenen Familienkulturen werden in ihrem Ansehen gleichermaßen gewürdigt:

- indem allen Familienkulturen gegenüber Offenheit gezeigt wird
- indem alle Familienkulturen gleichermaßen respektiert werden
- indem allen Familienkulturen gegenüber Interesse gezeigt wird
- indem Offenheit für alle Religionen besteht
- indem alle Sprachen akzeptiert und gefördert werden
- indem alle Familienkulturen in die Praxis eingebracht werden
- indem versucht wird, die Perspektiven der Familien einzunehmen
- indem kulturelle Widersprüche von der Erzieherin ausgehalten werden

Die gesamten Materialien und die Praxis stellen die Vielfalt der bundesdeutschen Gesellschaft in einer nicht stereotypen Weise dar:
- die verschiedenen Hautfarben
- die verschiedenen Sprachen
- die unterschiedlichen Familienformen
- verschiedene körperliche Verfasstheiten (Behinderung, Übergewichtigkeit, Alter usw.)
- die verschiedenen religiösen Feste
- unterschiedliche weibliche und männliche Lebensentwürfe
- unterschiedliche religiöse Institutionen (Besuche) und Bräuche (Essens- und Kleidungsgewohnheiten usw.)
- unterschiedliche Musikrichtungen, -instrumente, Tänze, Spiele

Vorurteile, Diskriminierungen und der eigene kulturelle Hintergrund (Orientierungssystem) werden reflektiert und thematisiert
- bei der Auswahl der Materialien
- in der Arbeit mit den Kindern (insbesondere in Folge des Auftretens diskriminierender Verhaltensweisen)
- in Teamsitzungen
- bei der persönlichen Reflektion der Arbeit
- bei Gelegenheit oder Notwendigkeit mit den Eltern
- indem die Einrichtung nach innen und außen Stellung bezieht gegen Diskriminierung

Die "Eine Welt" wird dargestellt und thematisiert

- durch Weltkarten und Globen
- durch Urlaubsbilder und Bilder aus den Herkunftsländern der Kinder bzw. deren Eltern
- durch die Thematisierung globaler Themen (wo kommt die Banane oder die Schokolade her? Abholzung usw.)

Diese Stichpunkte müssten bei einer "best practice"-Beschreibung interkulturellen Lernens berücksichtigt werden. Um interkulturelles Lernen seiner Notwendigkeit entsprechend zu realisieren, müssten diese Anregungen zudem in allen Einrichtungen der institutionellen Tagesbetreuung umgesetzt werden. Schließlich ist interkulturelles Lernen als soziales Lernen unabhängig von der Anwesenheit von Kindern anderer nationaler oder ethnischer Kulturen zu verstehen.

Auf der Grundlage eines solchen Arbeitsprinzips interkulturellen Lernens sind dann auch die in der jeweiligen Tageseinrichtung vertretenen (häufig diskriminierten) "Minderheitenkinder" (Kinder mit Behinderung, Kinder mit unmittelbar bedeutsamem Migrationshintergrund usw.) gezielt zu fördern, um deren Chancen in der Gesellschaft zu erhöhen.[23]

---

[23] Wie dies bestmöglich für Kinder mit unmittelbar bedeutsamem Migrationshintergrund geschehen könnte vgl. Anhang.

9.   Fazit

Das abschließende Fazit wird der Übersichtlichkeit halber in zwei Kapitel unterteilt. Auf eine kurze Zusammenfassung der Arbeit folgen einige Schlussbemerkungen.

9.1. Zusammenfassung

Die zunehmende Prägung der gesellschaftlichen Realität der Bundesrepublik Deutschland durch kulturelle Heterogenität stellte die Motivation dar, sich in dieser Arbeit mit dem Themenfeld des interkulturellen Lernens in Tageseinrichtungen für Kinder von 0-6 Jahren zu beschäftigen. Diese kulturelle Heterogenität erfordert von den Institutionen des deutschen Kindertageseinrichtungssystems, dass sie die Mehrheits- sowie Minderheitenkinder angemessen auf ein konfliktfreies, gleichberechtigtes und erfolgreiches Zusammenleben in einer dauerhaft multikulturellen Gesellschaft vorbereiten.

Erhebt man allerdings solch eine Forderung, stellt sich die Frage, wie dies bestmöglich realisiert werden kann. Dieser Fragestellung sollte in der vorliegenden Arbeit nachgegangen werden. Es sollte somit versucht werden zu klären, was pädagogisch hochwertige Qualität im Themenfeld des interkulturellen Lernens in Tageseinrichtungen für Kinder von 0-6 Jahren darstellt.

Eine grundlegende Komponente zur Beantwortung dieser Ausgangsfrage war die kritische Analyse des Qualitätsbereichs 'Interkulturelles Lernen' im 'Nationalen Kriterienkatalog' für pädagogische Qualität in Tageseinrichtungen für Kinder von 0-6 Jahren (QKK), der von Teilprojekten I und II der 'Nationalen Qualitätsinitiative im System der Tageseinrichtungen für Kinder' (NQI) entwickelt wurde.

Zur Analyse dieses Qualitätsbereichs wurde sich entschlossen, da mit der Entwicklung dieses Bereichs bereits der Versuch unternommen wurde, "beste Praxis" interkulturellen Lernens in Tageseinrichtungen für Kinder von 0-6 Jahren zu beschreiben. Seine Betrachtung erwies sich daher für besonders geeignet, die Ausgangsfrage dieser Arbeit zu beantworten.

Um den Rahmen in dem dieser Qualitätsbereich entwickelt wurde vorzustellen, wurde zunächst auf die NQI und deren fünf Teilprojekte eingegangen.

Es wurde dargelegt, dass das Ziel dieser Initiative die länder- und trägerübergreifende Konzeptualisierung pädagogischer Qualität sowie die Entwicklung von Instrumenten zu deren Messung und Evaluation darstellte, um den deutschen Kindertageseinrichtungen ein profundes Instrument für eine breit angelegte Entwicklung und Sicherung ihrer pädagogischen Qualität zur Verfügung zu stellen. Zudem wurden die jeweiligen thematischen Schwerpunkte und Aufgaben der einzelnen Teilprojekte beschrieben.

Eine dieser Aufgaben war für alle fünf Teilprojekte die Erstellung eines Katalogs von Qualitätskriterien, jeweils bezogen auf ihren spezifischen Arbeitsschwerpunkt. Die Teilprojekte I und II der Qualitätsinitiative übernahmen daher mit der Entwicklung dieses Katalogs die Aufgabe, "beste pädagogische Praxis" in Tageseinrichtungen für Kinder von 0-6 Jahren in der Form von Qualitätskriterien zu beschreiben.

Aufgrund der Tatsache, dass der Qualitätsbereich 'Interkulturelles Lernen' einen der 20 Qualitätsbereiche dieses QKK's darstellt, wurden anschließend die Notwendigkeit, der Aufbau und die Grundlagen dieses Katalogs beschrieben.

Im Anschluss wurde sich mit dem Themenfeld des interkulturellen Lernens beschäftigt. Dabei wurde zunächst anhand der Darstellung einiger gesellschaftlicher Entwicklungen deutlich gemacht, dass interkulturelles Lernen ein notwendiges pädagogisches Design für die Gegenwart und die Zukunft des Einwanderungslandes Deutschland darstellt.

Hierauf folgte eine kurze Beschreibung der Genese des interkulturellen Lernens in der Bundesrepublik.

Auf der Basis moderner Konzepte wurde sodann zur Klärung einiger Prämissen und Grundbegriffe dieser Arbeit übergegangen. Es wurde zunächst der Begriff "Kultur" als ein Orientierungssystem definiert, das unser Wahrnehmen, Beurteilen und Handeln steuert und im Folgenden erläutert, dass auf der Grundlage dieses Kulturbegriffs jede menschliche Identität als eine interkulturelle Identität zu begreifen ist.

Anschließend wurde eine auf diesem theoretischen Fundament basierende Definition von interkulturellem Lernen aufgezeigt. Nach dieser Definition ist interkulturelles Lernen als ein für alle Einrichtungen der institutionellen Kindertagesbetreuung notwendiges pädagogisches Arbeitsprinzip sozialen Lernens zu begreifen, welches einen offenen, gerechten und respektvollen Umgang mit jedweder menschlichen Verschiedenheit zum Ziel hat. Es wurde verdeutlicht, dass dieses Arbeitsprinzip nicht auf die Anwesenheit von Kindern aus Migrantenfamilien angewiesen sein darf, da es als "Pädagogik der Vielfalt" nach allgemeiner Gleichberechtigung und Anerkennung strebt. Interkulturelles Lernen auf die Arbeit und den Umgang mit Mitgliedern von Zuwandererfamilien zu beschränken, würde nicht hinlänglich die Ausgrenzungs- und Abgrenzungsprozesse aufgrund von Verschiedenheit angreifen, die die Wurzeln gesellschaftlicher Diskriminierung und ungleicher Machtverhältnisse sind. Nur eine Pädagogik, die einen gerechten, offenen und respektvollen Umgang mit jedweder menschlichen Verschiedenheit zum Ziel hat, reicht bis zu diesen Wurzeln.

Im Anschluss an diese Klärung wurde ein Überblick über die Zielstellungen, die hinter solch einem Verständnis stehen, gegeben. Dies wurde anhand der Beschreibung der '10 Ziele Interkultureller Erziehung und Bildung' nach Nieke geleistet. Mit deren Hilfe wurde verdeutlicht, dass interkulturelles Lernen auf das Erkennen des eigenen Ethno- bzw. Kulturzentrismus, den Umgang mit Befremdung, die Grundlegung von Toleranz, die Akzeptanz von Ethnizität, die Thematisierung von Rassismus, die Betonung des Gemeinsamen, die Solidarität, die Einübung in Formen vernünftiger Konfliktbewältigung kulturbedingter Konflikte, das Aufmerksamwerden auf Möglichkeiten gegenseitiger kultureller Bereicherung und die Entwicklung einer Wir-Identität zielen sollte.

Daraufhin wurde sich mit interkulturellem Lernen in Tageseinrichtungen für Kinder von 0-6 Jahren befasst. Es wurde hierbei geklärt, dass schon im vorschulischen Bereich mit interkulturellem Lernen begonnen werden sollte, da Kinder bereits in diesem Alter die Multikulturalität der Gesellschaft wahrnehmen und Vorurteile aus ihrem Umfeld übernehmen. Zudem muss angestrebt werden, dass alle Kinder einen anerkannten Platz im Bildungssystem und in der Gesellschaft einnehmen können sowie bereits früh offene Haltungen gegenüber Fremden aufbauen.

Hierauf folgten Beschreibungen des Konzepts 'Globales Lernens' anhand des Projekts 'Kinder entdecken die Eine Welt' und des Ansatzes der 'vorurteilsbewussten Pädagogik' anhand der Projekte 'Kinderwelten' und 'fair-Bindungen'. Es wurde dargelegt, dass globales Lernen darauf zielt, Weltbürger zu erziehen, die sachkundig und verantwortungsbewusst die "Eine Welt" gestalten. Weiterhin wurde gezeigt, dass im Zentrum der vorurteilsbewussten Pädagogik die Existenz von Vorurteilen im Tageseinrichtungsalltag, die vielfach unreflektierten Normvorstellungen und unbemerkten Ausgrenzungsprozesse sowie der Umgang mit menschlichen Unterschieden stehen. Zudem wurde bei einer Besprechung der drei beschriebenen Projekte zu dem Schluss gekommen, dass sich insbesondere die Ziele, Verfahren und Instrumente der vorurteilsbewussten Pädagogik als besonders geeignet erweisen, hochwertige pädagogische Qualität im Themenfeld des interkulturellen Lernens zu erreichen.

Der folgende Abschnitt widmete sich der Analyse des Qualitätsbereichs 'Interkulturelles Lernen' im Kriterienkatalog der Teilprojekte I und II der NQI.

Eines der zentralen Ergebnisse dieser Analyse war die Feststellung, dass sich bei der Formulierung der Qualitätskriterien dieses Bereichs an den Zielen und Methoden der vorurteilsbewussten Pädagogik für die Arbeit in den Einrichtungen orientiert wurde. Eine Orientierung, die als eindeutige Stärke bezeichnet wurde.

Allerdings wurden auch einige Schwächen des Qualitätsbereichs analysiert. Als erste und grundlegendste Schwachstelle wurde die Tatsache bezeichnet, dass interkulturelles Lernen im Kriterienkatalog als ein eigenständiger Qualitätsbereich dargestellt wurde. Aufgrund des Alltagsverständnisses von interkulturellem Lernen als Unterstützung von "ausländischen" Kindern könnte dies zur Folge haben, dass sich viele Tageseinrichtungen mit nur wenigen oder gar keinen Kindern anderer nationaler oder ethnischer Kulturen erst gar nicht mit dem Qualitätsbereich 'Interkulturelles Lernen' befassen.

Dies wird allerdings nicht nur dadurch provoziert, dass das interkulturelle Lernen im QKK einen eigenständigen Qualitätsbereich darstellt, sondern auch dadurch, dass sich der Qualitätsbereich in erster Linie auf die Kinder "anderer Herkunftskulturen" konzentriert. Aufgrund dieser Fokussierung wird nicht deutlich, dass und vor allem wie interkulturelles Lernen auch in Einrichtungen ohne oder mit kaum Kindern anderer nationaler oder ethnischer Kulturen praktiziert werden sollte bzw. könnte. Der Fokus auf die Kinder "anderer Herkunftskulturen" wurde daher als eine weitere Schwäche des Qualitätsbereichs 'Interkulturelles Lernen' bezeichnet.

Als die letzte Schwachstelle des Qualitätsbereichs 'Interkulturelles Lernen' wurde schließlich die Bezeichnung Kinder bzw. Eltern "anderer Herkunftskulturen" angeführt, da sie die Gegenüberstellung "Wir" und "die Anderen" impliziert.

Um diese Mängel auszuräumen, wurden in dieser Arbeit anschließend folgende Gedanken angestellt: Zunächst sollte der Begriff "Familienkulturen" eine größere Bedeutung erhalten und gemeinsam mit der Formulierung "Kinder mit Migrationshintergrund" die Bezeichnung "Kinder anderer Herkunftskulturen" ersetzen. Des Weiteren könnten viele Qualitätskriterien des Qualitätsbereichs in solch einer geänderten Form in die anderen Qualitätsbereiche integriert werden, und schließlich sollte der Qualitätsbereich 'Interkulturelles Lernen' unter einem anderen Titel – angedacht wurde bspw. 'nationale Vielfalt' – erhalten bleiben.

Abschließend wurde versucht die Ausgangsfrage dieser Arbeit zu beantworten, indem stichpunktartig einige Prinzipien aufgestellt wurden, die thematisieren wie "beste pädagogische Praxis" im Themenfeld des interkulturellen Lernens erreicht werden könnte. Als Leitlinien lassen sich dabei die folgenden Prinzipien nennen:

"Beste pädagogische Praxis" im Themenfeld des interkulturellen Lernens ist dann gegeben,

- wenn alle vertretenen Familienkulturen in der gesamten Einrichtung sicht- und erlebbar sind
- wenn alle vertretenen Familienkulturen in ihrem Ansehen gleichermaßen gewürdigt werden
- wenn die gesamten Materialien und die Praxis die Vielfalt der bundesdeutschen Gesellschaft in einer nicht stereotypen Weise darstellen
- wenn Vorurteile, Diskriminierungen und der eigene kulturelle Hintergrund reflektiert und thematisiert werden
- wenn die "Eine Welt" in ihrer wahren Vielfalt dargestellt und thematisiert wird.

9.2. Schlussbemerkungen

Eine Vorschulpädagogik, die sich den demokratischen Grundwerten und den Menschenrechten verpflichtet fühlt, steht vor der Aufgabe, Kleinkinder auf ein gleichberechtigtes, konfliktfreies und erfolgreiches Leben vorzubereiten. Aufgrund der Tatsache, dass die gesellschaftliche Realität der Bundesrepublik Deutschland zunehmend durch viele verschiedene Kulturen geprägt wird, kommt dabei insbesondere dem interkulturellen Lernen eine wachsende Bedeutung zu.

Daher wurden auf der Grundlage moderner Konzepte in dieser Arbeit Prinzipien formuliert, wie "beste pädagogische Praxis" im Themenfeld des interkulturellen Lernens in Tageseinrichtungen für Kinder von 0-6 Jahren erreicht werden könnte.

Eine sich an diesen Prinzipien orientierende pädagogische Praxis entspräche der Verwirklichung eines pädagogischen Arbeitsprinzips sozialen Lernens, mit dessen Hilfe die Mehrheits- und Minderheitenkinder bestmöglich auf ein gerechtes, offenes und respektvolles Zusammenleben in einer dauerhaft multikulturellen Gesellschaft vorbereitet werden können. Zudem könnte eine solche Vorbereitung dazu beitragen, dass sich zukünftig viele der bereits durch die kulturelle Heterogenität hervorgerufenen sozialen Probleme der Bundesrepublik reduzieren. Dies sind Ziele, denen sich jede Pädagogin und jeder Pädagoge verpflichtet fühlen sollte.

Nun gilt es, solch ein Arbeitsprinzip in so vielen Einrichtungen der institutionellen Kindertagesbetreuung wie möglich – unabhängig von der Anwesenheit von Kindern mit Migrationshintergrund – zu verankern, um einen Beitrag zur Verringerung der gesellschaftlichen Diskriminierung und der ungleichen Machtverhältnisse zu leisten, denn: „ungleiche Machtverhältnisse bedrohen die Menschlichkeit aller – die der Benachteiligten wie auch die der Privilegierten" (Derman-Sparks, 2003, S. 9).

Zu beachten ist hierbei allerdings, dass solch ein Beitrag nur bis zu einem gewissen Grad durch "best-practice"-Beschreibungen geleistet werden kann, da sich diese in erster Linie auf die Aspekte der Prozessqualität beziehen. Worum es bei dem zugrunde liegenden Verständnis von interkulturellem Lernen allerdings geht, betrifft in hohem Maße Merkmale der Orientierungsqualität: Vorurteile und Stereotype, den eigenen kulturellen Hintergrund, die eigene Identität usw. Daher müssten zudem Gedanken darüber angestellt werden, wie auch eine breit angelegte Entwicklung der Orientierungsqualität erreicht werden könnte. Innerhalb der NQI existiert jedoch leider kein Teilprojekt, das sich mit der Erzieherinnenausbildung befasst.

Trotz dieser Problematik und der in dieser Arbeit herausgearbeiteten Schwachstellen des Qualitätsbereichs 'Interkulturelles Lernen' im QKK kann dennoch abschließend festgehalten werden, dass sich in den letzten Jahren mit der NQI und der vorurteilsbewussten Pädagogik auf einen guten Weg zu einer Verbesserung der Qualität im Themenfeld des interkulturellen Lernens in deutschen Tageseinrichtungen für Kinder von 0-6 gemacht wurde. Schließlich stehen nun mittels der NQI ein umfangreiches Instrumentarium zur Entwicklung der pädagogischen Qualität und dank der vorurteilsbewussten Pädagogik viel versprechende Verfahren und Instrumente interkulturellen Lernens zur Verfügung. Allerdings steht man erst am Anfang dieses schwierigen Weges. Nun gilt es, ihn konsequent fortzusetzen, wozu sowohl die fortwährende Feststellung der Qualität der Einrichtungen des Tagesbetreuungssystems als auch die stetige Überprüfung und gegebenenfalls Veränderung der Instrumente der NQI erforderlich sind.

Ein erster Schritt zu letzterem sollte mit dieser Arbeit getan werden.

Literaturverzeichnis

Achterberg, A.; **Beber**, K.; **Edinger**, C.; **Heinze**, D.; **Müller**, H.; **Thiel**, Th.; **Wagner**, P.; **Wetzel**, B.; **Zille**, M. (2003): Vorurteilsbewusst arbeiten – Ziele für Kita-Leiterinnen. In: klein und groß, Lebensorte für Kinder, Nr. 12/03. Weinheim; Berlin; Basel: Beltz. S. 12-16.

Aldrich, R.; **Green**, A. (1995): Education and Cultural Identity in the United Kingdom. In: Hildebrand, B. (Hrsg.); Sting, S. (Hrsg.): Erziehung und kulturelle Identität. Münster; New York: Waxmann. S. 25-41.

Allport, G. W. (1954): Die Natur des Vorurteils. Köln: Kiepenheuer & Witsch

Apel, H. (1989): Fachkulturen und studentischer Habitus. Eine empirische Vergleichsstudie bei Pädagogik- und Jurastudierenden. In: Zeitschrift für Sozialisationsforschung und Erziehungssoziologie 1/89. Weinheim: Juventa. S.2-22

Auernheimer, G. (1999): Notizen zum Kulturbegriff unter dem Aspekt interkultureller Bildung. In: Gemende, M. (Hrsg.); Schröer, W. (Hrsg.); Sting, S. (Hrsg.): Zwischen den Kulturen – Pädagogische und sozialpädagogische Zugänge zur Interkulturalität. Weinheim; München: Juventa. S.27-36.

Auernheimer, G. (1990): Einführung in die Interkulturelle Erziehung. Darmstadt : Wissenschaftliche Buchgesellschaft

Balluseck, H. v.; **Metzner**, H.; **Schmitt-Wenkebach**, B. (2003): Ausbildung von Erzieherinnen und Erziehern in der Fachhochschule. In: Fthenakis, W. E. (Hrsg.): Elementarpädagogik nach Pisa, Freiburg; Basel; Wien: Herder. 317-331.

Barth, W. (1998): Multikulturelle Gesellschaft. In: Bundeszentrale für politische Bildung (Hrsg.): Interkulturelles Lernen – Arbeitshilfen für die politische Bildung. Bonn: Eigenverlag. S.10-18.

Beauftragte der Bundesregierung für Migration, Flüchtlinge und Integration (2004): Migrationsbericht der Integrationsbeauftragten – im Auftrag der Bundesregierung. Berlin; Bonn: Bonner Universitätsdruckerei

BMFSFJ (Bundesministerium für Familie, Senioren, Frauen und Jugend) (Hrsg.) (2002): Nationale Qualitätsinitiative im System der Tageseinrichtungen für Kinder – 2. Auflage – Pfaffenhofen/ Ilm: Fa. Humbach & Nemazal GmbH

BMFSFJ (Hrsg.) (1999): Kinder- und Jugendhilfegesetz, Achtes Buch Sozialgesetzbuch – 9. Auflage – . Essen: IDAG Industriedruck

BMFSFJ (Hrsg.) (2004): Nationale Qualitätsinitiative im System der Tageseinrichtungen für Kinder – Angebote zur Umsetzung der Ergebnisse. Berlin: agit Druck

Bourdieu, P. (1988): Die feinen Unterschiede: Kritik der gesellschaftlichen Urteilskraft. – 2. Auflage – Frankfurt a. M.: Suhrkamp

Böhm, R.; **Böhm**, D.; **Deiss-Niethammer**, B. (1999): Handbuch Interkulturelles Lernen. Freiburg; Basel; Wien: Herder

Bundesamt für Verfassungsschutz (2000): Rechtsextremismus in Deutschland – Ein Lagebild zu Beobachtungsschwerpunkten des Verfassungsschutzes. Köln: eigene Pressestelle. Unter: http://www.verfassungsschutz.de /de/ arbeitsfelder/af_rechtsextremismus/verfassungsschutz_gegen_re.pdf.

Bühler, H. (1996): Perspektivenwechsel? – unterwegs zu „globalem Lernen". Frankfurt a. M.: Verlag für Interkulturelle Kommunikation

Derman-Sparks, L.; **A.B.C. Task Force** (1989): Anti-Bias-Curriculum: Tools for empowering young children. Washington D. C.: NAEYC

Derman-Sparks, L. (2001): Anti-Bias-Arbeit mit kleinen Kindern. Vortrag bei der Fachtagung „kleine Kinder – keine Vorurteile?" am 15.03. 2001 in Berlin. Berlin: Kinderwelten.

Derman-Sparks, L. (2003): Vorwort. In: Preissing, Chr. (Hrsg); Wagner, P. (Hrsg.): Kleine Kinder, keine Vorurteile? – Interkulturelle und vorurteilsbewusste Arbeit in Kindertageseinrichtungen. Freiburg; Basel; Wien: Herder. S. 9-11.

Der Spiegel (Nr. 14/2006): Gewalt im Klassenzimmer – Wenn Lehrer nicht mehr weiterwissen.

Deutsche Shell (Hrsg.) (2000): Jugend 2000 – 13. Shell Jugendstudie. Opladen: Leske + Budrich

Eagleton, T. (2001): Was ist Kultur?. – 2. Auflage – München: Beck

Erdheim, M. (1992): Kultur und Sozialisation. In: Gruppenpsychotherapie und Gruppendynamik, Heft 3. Göttingen: Verlag für medizinische Psychologie. S.265-279.

Erdheim, M.(1993): Das Eigene und das Fremde – Über ethnische Identität. In: Jansen, M. M. (Hrsg.); Prokop, U. (Hrsg.): Fremdenangst und Fremdenfeindlichkeit. Basel; Frankfurt: Stroemfeld/ Nexus. S.163-182.

Essed, Ph.; **Mullard**, Chr.(1991): Antirassistische Erziehung – Grundlagen und Überlegungen für eine antirassistische Erziehungstheorie. Felsberg: micro-Verlag

Essed, Ph. (1991): Understanding Everyday Racism. Newbury Park; London; Neu Delhi: Sage Publications

Essinger, H. (1991): Interkulturelle Erziehung in multiethnischen Gesellschaften. In: Marburger, H. (Hrsg.): Schule in der multikulturellen Gesellschaft – Ziele, Aufgaben und Wege Interkultureller Erziehung. Frankfurt: Verlag für Interkulturelle Kommunikation. S. 3-18.

Erikson, E. H. (1973): Identität und Lebenszyklus. Frankfurt a. M.: Suhrkamp

Flechsig, K. H. (1999): Methoden interkulturellen Trainings. In: Gemende, M. (Hrsg.); Schröer, W. (Hrsg.); Sting, S. (Hrsg.): Zwischen den Kulturen

– Pädagogische und sozialpädagogische Zugänge zur Interkulturalität. Weinheim; München: Juventa. S.209-228.

Forghani, N. (2001): Globales Lernen – die Überwindung des nationalen Ethos. Innsbruck; Wien; München: Studienverlag

Fthenakis, W. E. (2003a): Vorwort. In: Fthenakis, W. E. (Hrsg.): Elementarpädagogik nach Pisa. Freiburg; Basel; Wien: Herder. S. 9-15.

Fthenakis, W. E. (2003b): Zur Neukonzeptualisierung von Bildung in der frühen Kindheit. In: Fthenakis, W. E. (Hrsg.): Elementarpädagogik nach Pisa. Freiburg; Basel; Wien: Herder. S. 18-37.

Fthenakis, W. E. (2003c): Pädagogische Qualität in Tageseinrichtungen für Kinder. In: Fthenakis, W. E. (Hrsg.): Elementarpädagogik nach Pisa. Freiburg; Basel; Wien: Herder. S. 208-243.

Fthenakis, W. E. (Hrsg); **Hanssen**, K. (Hrsg.); **Oberhuemer**, P. (Hrsg.); **Schreyer**, I. (Hrsg.): Träger zeigen Profil – Qualitätshandbuch für Träger von Kindertageseinrichtungen. Weinheim; Berlin; Basel: Beltz

Fuchs, R.; **Hermens**, Cl.; **Kleinen**, K.; **Nordt**, G.; **Strätz**, R.; **Wiedemann**, P. (2001): Qualität für Schulkinder in Tageseinrichtungen – Kriterienkatalog. Unter: www.spi.nrw.de/material/quast_krit.pdf

Gaine, B.; **van Keulen**, A. (2000): Wege zu einer vorurteilsbewussten Kleinkindpädagogik – Handbuch für Auszubildende und Lehrkräfte. Berlin: Kindwelten

Gemende, M.; **Schröer**, W.; **Sting**, S. (1999): Pädagogische und sozialpädagogische Zugänge zur Interkulturalität. In: Gemende, M. (Hrsg.); Schröer, W. (Hrsg.); Sting, S. (Hrsg.): Zwischen den Kulturen – Pädagogische und sozialpädagogische Zugänge zur Interkulturalität. Weinheim; München: Juventa. S. 7-25.

Graf-Zumsteg, Chr.(1995): Die Rolle der Bildung in der Einen Welt. In: Marcus, I. (Hrsg.); Schulze, T. (Hrsg.); Schulze, H. (Hrsg.): Globales Lernen. München: AG SPAK Bücher. S. 17-28.

Grosch, H.; **Leenen**, W. R.: Bausteine zur Grundlegung interkulturellen Lernens. In: Bundeszentrale für politische Bildung (Hrsg.): Interkulturelles Lernen – Arbeitshilfen für politische Bildung. Bonn: Eigenverlag. S. 29-47.

Hahn, St. (2002): Schwarze Kinder - weiße Puppen? Neue Wege zu einer vorurteilsbewussten Pädagogik. In: TPS – Theorie und Praxis der Sozialpädagogik, 3/2003. Seelze-Velber: Kallmeyer. S. 38-41.

Heiderich, R.; **Rohr**, G. (2000): Ausländerfragen kontrovers – Ist das Boot voll?. München: Olzog

Herder, J.G. (1989): Ideen zur Philosophie der Geschichte der Menschheit. Frankfurt a. M.: Deutscher Klassiker Verlag

Hildebrand B.; **Sting**, S.: Erziehung und kulturelle Identität. In: Hildebrand, B. (Hrsg.); Sting, S. (Hrsg.): Erziehung und kulturelle Identität. Münster; New York: Waxmann. S. 9-25.

Kasten, H. (2003): Die Bedeutung der ersten Lebensjahre. In: Fthenakis, W. E. (Hrsg.): Elementarpädagogik nach Pisa. Freiburg; Basel; Wien: Herder. S. 57-66.

Krappmann, L. (2002): Qualitätsentwicklung in Kindertageseinrichtungen – im Kontext des Zehnten Kinder- und Jugendberichts unter Berücksichtigung einer Kultur des Aufwachsens. In: Sozialpädagogisches Institut NRW – Landesinstitut für Kinder, Jugend und Familie – (Hrsg.): QUAST Projekt-Post Nr. 2. Köln; Sankt-Augustin: SZ Druck. Unter: www.spi.nrw.de/material/quast_propo2.pdf. S. 107-114.

Leggewie, C. (1993): Multikulti: Schlachtfeld oder halbwegs erträgliche Lebensform. In: Frankfurter Rundschau, 29.01.1993. S. 12

Leu, H. R. (1998): Zum Konzept der wechselseitigen Anerkennung. In: Ministerium für Bildung, Jugend und Sport: Auf dem Weg zu einem Bildungsauftrag von Kindertageseinrichtungen. Beiträge einer Fachtagung am 27./28.1.98, Potsdam. Berlin; Brandenburg: INFANS

Leu, H. R. (1999): Zwischen Autonomie und Verbundenheit – Bedingungen und Formen der Behauptung von Subjektivität. Frankfurt a. M.: Suhrkamp

Marschke, B. (2003):Religionsunterricht und interkulturelle Erziehung. Osnabrück: Der Andere Verlag

Militzer, R.; **Fuchs**, R.; **Demandewitz**, H.; **Houf**, M. (2002): Der Vielfalt Raum geben – Interkulturelle Erziehung in Tageseinrichtungen für Kinder. Münster: Votum

Modgil, S. (Hrsg.); **Verma**, G. K. (Hrsg.); **Mallick**, K. (Hrsg.); **Modgil**, C. (Hrsg.): Multicultural Education – The Interminable Debate. London; Philadelphia: The Farmer Press

Möller, K. (2000): Rechte Kids – Eine Langzeitstudie über Auf- und Abbau rechtsextremistischer Orientierungen bei 13-15jährigen. Weinheim; München: Juventa

Münz, R.; **Seifert**, W.; **Ulrich**, R. (1999): Zuwanderung nach Deutschland – Strukturen, Wirkungen, Perspektiven. – 2. Auflage – Frankfurt a. M.; New York: Campus

National Association for the Education of Young Children (1998): Accrediation Criteria and Procedures of the National Academy of Early Childhood Programs. Washington, D. C.: Author

Nestvogel, R. (2002): Zum Verhältnis von „Interkulturellem Lernen", „Globalem Lernen" und „Bildung für eine nachhaltige Entwicklung". In: Wulf, Ch. (Hrsg.); Merkel, Chr. (Hrsg.): Globalisierung als Herausforderung der Erziehung. Münster; New York; München; Berlin: Waxmann. S. 31-44.

Nieke, W. (2000): Interkulturelle Erziehung und Bildung – Wertorientierungen im Alltag – 2. Auflage – .Opladen: Leske und Budrich.

Oerter, R. (Hrsg.); **Montada**, L. (Hrsg.) (1982): Entwicklungspsychologie – Ein Lehrbuch. München; Wien; Baltimore: Urban & Schwarzenberg

Perpeet, W. (1976): Kultur, Kulturphilosophie. In: Ritter, J. (Hrsg.); Gründer, K. (Hrsg.): Historisches Wörterbuch der Philosophie. Darmstadt: Wissenschaftliche Buchgesellschaft, S. 1309ff

Pfluger-Schindlbeck, I. (1989): „Achte die Älteren, liebe die Jüngeren!" Sozialisation türkischer Kinder. Frankfurt a. M.: Athenäum

Preissing, Chr.; **Freitag**, I. (2000): fair-Bindungen. Verfahren und Instrumente zur Qualifizierung vom Kita-Teams für interkulturelle und gemeinwesenorientierte Arbeit. Projektprogramm. Berlin: fair-Bindungen.

Preissing, Chr. (1998): Und wer bist Du?: Interkulturelles Leben in der Kita. Ravensburg: Ravensburger Buchverlag

Preissing, Chr. (Hrsg.) (2003a): Qualität im Situationsansatz - Qualitätskriterien und Materialien für die Qualitätsentwicklung in Kindertageseinrichtungen. Weinheim; Basel; Berlin: Beltz

Preissing, Chr. (2003b): Vorurteilsbewusste Bildung und Erziehung im Kindergarten – Ein Konzept für die Wertschätzung von Vielfalt und gegen Toleranz. In: Preissing, Chr. (Hrsg); Wagner, P. (Hrsg.): Kleine Kinder, keine Vorurteile? – Interkulturelle und vorurteilsbewusste Arbeit in Kindertageseinrichtungen. Freiburg; Basel; Wien: Herder. S. 12-34.

Prengel, A. (1993): Pädagogik der Vielfalt. Opladen: Leske und Budrich

Priebe, M. (2002): Gewährung von Autonomie als Kennzeichen des Situationsansatzes. Landau: unveröffentlichte Diplomarbeit

RAA Brandenburg e.V. (1999): Antrag "Globales Lernen im Kindergarten und Kinderklub - Kinder entdecken die Eine Welt" an die Europäische Kommission, Generaldirektion Development. Potsdam: unveröffentlicht

RAA Potsdam (Hrsg.) (1994): Interkulturelle Beiträge 9. Berlin; Potsdam: Contrast Druck

RAA Potsdam (Hrsg.) (1999): Interkulturelle Beiträge 31 – Kinder entdecken die Eine Welt. Potsdam: Contrast Druck

Reviere, U. (1998): Ansätze und Ziele Interkulturellen Lernens in der Schule. Frankfurt a. M.: IKO-Verlag für interkulturelle Kommunikation

Rommelspacher, B. (1995): Dominanzkultur – Texte zu Fremdheit und Macht – 2. Auflage – . Berlin: Orlanda Frauenverlag

Schiffauer, W. (1991): Die Migranten aus Subay – Türken in Deutschland: Eine Ethnographie. Stuttgart: Klett-Cotta

Schreyer, I.; **Hanssen**, K.; **Kalicki**, B.; **Nagel**, B.; **Oberhuemer**, P. (2003): Trägerqualität: Die Steuerung von Bildungs-, Erziehungs-, und Betreuungsqualität durch Evaluation. In: Fthenakis, W. E. (Hrsg.): Elementarpädagogik nach Pisa. Freiburg; Basel; Wien: Herder. S. 352-372.

Senatsverwaltung für Schule, Jugend und Sport Berlin (Hrsg.) (2001): Handreichung für Lehrkräfte an Berliner Schulen – Interkulturelle Bildung und Erziehung. Berlin: Verwaltungsdruckerei Berlin

Singer, W. (2003): Was kann ein Mensch wann lernen?. In: Fthenakis, W. E. (Hrsg.): Elementarpädagogik nach Pisa. Freiburg; Basel; Wien: Herder. S. 67-75.

Sozialpädagogisches Institut NRW – Landesinstitut für Kinder, Jugend und Familie – (2002) (Hrsg.): QUAST Projekt-Post Nr. 2. Köln; Sankt-Augustin: SZ Druck. Unter: www.spi.nrw.de/material/quast_propo2.pdf

Statistisches Bundesamt (Hrsg.) (2003): Bevölkerung Deutschlands bis 2050 – 10. koordinierte Bevölkerungsvorausberechnung. Wiesbaden: eigene Pressestelle.Unter:www.destatis.de/presse/deutsch/pk/2003/Bevoelker ung_2050.pdf

Strätz, R.; **Hermens**, Cl.; **Fuchs**, R.; **Kleinen**, K.; **Nordt**, G.; **Wiedemann**, P. (2003): Qualität für Schulkinder in Tageseinrichtungen – Ein nationaler Kriterienkatalog. Weinheim; Berlin; Basel: Beltz Verlag

Thomas, A. (2003): Psychologie interkulturellen Lernens und Handelns. In: Thomas A. (Hrsg.): Kulturvergleichende Psychologie – 2. Auflage – . Göttingen; Bern; Toronto; Seattle: Hogrefe

Thurn, H. P. (1979): Kultursoziologie – Zur Begriffsgeschichte der Disziplin. In: Kölner Zeitschrift für Soziologie und Sozialpsychologie 31. Köln: Westdeutscher Verlag. S. 424ff

Tietze, W.; **Schuster**, K.-M.; **Rossbach**, H.-G. (1997): Kindergarten-Einschätz-Skala. Deutsche Fassung der Early Childhood Environment Rating Scale von Thelma Harms/ Richard M. Clifford. Neuwied: Luchterhand

Tietze, W. (1999): Projektantrag zum Projektverbund „Nationale Qualitätsinitiative im System der Tageseinrichtungen für Kinder". Berlin: unveröffentlicht

Tietze, W. (Hrsg.); **Viernickel**, S. (Hrsg.) (2002): Pädagogische Qualität in Tageseinrichtungen für Kinder – Ein Nationaler Kriterienkatalog. Weinheim; Berlin; Basel: Beltz

Tietze, W. (Hrsg.) (1998): Wie gut sind unsere Kindergärten? Eine Untersuchung zur pädagogischen Qualität in deutschen Kindergärten. Neuwied; Berlin: Luchterhand

Ucar, A. (1993): Soziale und psychologische Folgen der Ghettoisierung, Ausgrenzung und Diskriminierung der Kinder und Jugendlichen aus

Anwerbeländern. In: Essinger, H. (Hrsg.); Ucar, A. (Hrsg.): Erziehung: Interkulturell – Politisch – Antirassistisch. Felsberg: Micro. S.121-127.

Völkel, P.; **Großmann**, H. (2002): Externe Evaluation der ersten Phase des RAA – Projekts: „Globales Lernen im Kindergarten und Kinderclub – Kinder entdecken die Eine Welt". Unveröffentlicht.

Wagner, P. (2001b): Kleine Kinder – keine Vorurteile? Vorurteilsbewusste Pädagogik in Kindertageseinrichtungen. In: KiTa spezial, KinderTageseinrichtungen aktuell, Sonderausgabe Nr. 3/2001. Kronach; München; Bonn, Potsdam: Carl Link/ Deutscher Kommunal-Verlag. S. 13-17.

Wagner, P.; **Şikcan**, S. (2003): Der Anti-Bias-Approach im Projekt Kinderwelten – Projektpräsentation Oktober 2002. Berlin: Kinderwelten

Wagner, P. (2003a): „Anti-Bias-Arbeit ist eine lange Reise ..." Grundlagen vorurteilsbewusster Praxis in Kindertageseinrichtungen. In: Preissing, Chr. (Hrsg.); Wagner P. (Hrsg.): Kleine Kinder, keine Vorurteile? – Interkulturelle und vorurteilsbewusste Arbeit in Kindertageseinrichtungen. Freiburg; Basel; Wien: Herder. S. 34-62

Wagner, P. (2003b): Alle Afrikaner trommeln? Vorurteilsbewusste Bildung in Kindertageseinrichtungen. In: klein und groß, Lebensorte für Kinder, Nr. 12/03. Weinheim; Berlin; Basel: Beltz, S. 6-9.

Wulf, Chr.; **Merkel**, Chr. (2002): Einleitung: Die globale Herausforderung der Erziehung. In: Wulf, Chr. (Hrsg.); Merkel, Chr. (Hrsg.): Globalisierung als Herausforderung der Erziehung. Münster; New-York: Waxmann. S. 11-31.

York, St. (1991): Roots and Wings. Affirming Culture in Early Childhood Programs. St. Paul; Minnesota: Redleaf Press

Zarifoglu, F. (1992): Ein kurzes Resümee über die soziokulturellen Aspekte von psychischen Erkrankungen bei Migranten aus dem Nahen und Mittleren Osten sowie ihre psychosoziale Versorgung in Deutschland. In: Collatz, J. (Hrsg.); Brandt, A. (Hrsg.); Salman, R. (Hrsg.); Timme, S. (Hrsg.) (1992): Was macht Migranten krank in Deutschland?. Hamburg: E.B. Verlag Rissen. S. 113-123

Zimmer J. (2000): Das kleine Handbuch zum Situationsansatz. Weinheim; Basel: Beltz

Internet Quellen:

www.bafl.de/template/migration/content_migration_auslaenderanteil_bundeslaender
.htm. Download am 08.07.04

www.destatis.de/presse/deutsch/pk/2003/Bevoelkerung_2050.pdf. Download am
07.04.04

www.ifp-bayern.de/cms/Projekt_Traeger_Profil.pdf. Download am 18.05.04

www.spi.nrw.de/material/quast_krit.pdf, 2001. Download am 07.01.04

www.spi.nrw.de/material/quast_propo2.pdf, 2002. S. 7. Download am 07.01.2004

www.tagesschau.de/aktuell/meldungen/0,1185,OID1099016_TYP6_THE1099846_
NAV1307088~1277938~1099846_REF12216_BAB,00.html.
Download am 20.07. 04

www.verdi.de/0x0ac80f2b_0x00308f40. Download am 07.04.04

www.verfassungsschutz.de/de/ arbeitsfelder/ af_rechtsextremismus/
verfassungsschutz_gegen_re.pdf. Download am 07.04.04

Abbildungs- und Tabellenverzeichnis

Abbildungen:

Tabellen:

Anhang

Tab. 3: Ausländer/innen und Gesamtbevölkerung der BRD:

Jahr	Gesamtbevölkerung	Ausländische Bevölkerung	Ausländeranteil
1951	50.808.900	506.000	1,0%
1961	56.174.800	686.200	1,2%
1967	59.926.000	1.806.653	3,0%
1968	60.345.300	1.924.229	3,2%
1969	61.069.000	2.381.061	3,9%
1970	60.650.600	2.976.497	4,9%
1971	61.502.500	3.438.711	5,6%
1972	61.776.700	3.526.568	5,7%
1973	62.090.100	3.966.200	6,4%
1974	62.048.100	4.127.366	6,7%
1975	61.746.000	4.089.594	6,6%
1976	61.489.600	3.948.337	6,4%
1977	61.389.000	3.948.278	6,4%
1978	61.331.900	3.981.061	6,5%
1979	61.402.200	4.143.836	6,7%
1980	61.653.100	4.453.308	7,2%
1981	61.719.200	4.629.729	7,5%
1982	61.604.100	4.666.917	7,6%

1983	61.370.800	4.534.863	7,4%
1984	61.089.100	4.363.648	7,1%
1985	61.020.500	4.378.942	7,2%
1986	61.140.500	4.512.679	7,4%
1987	61.238.100	4.240.532	6,9%
1988	61.715.100	4.489.105	7,3%
1989	62.679.000	4.845.882	7,7%
1990	63.725.700	5.342.532	8,4%
1991	80.274.600	5.882.267	7,3%
1992	80.974.600	6.495.792	8,0%
1993	81.338.100	6.878.117	8,5%
1994	81.538.600	6.990.510	8,6%
1995	81.817.500	7.173.866	8,8%
1996	82.012.200	7.314.046	8,9%
1997	82.057.400	7.365.833	9,0%
1998	82.037.000	7.319.593	8,9%
1999	82.163.500	7.343.591	8,9%
2000	82.259.500	7.296.817	8,9%
2001	82.440.400	7.318.628	8,9%
2002	82.536.700	7.335.592	8,9%

(Beauftragte der Bundesregierung für Migration, Flüchtlinge und Integration, 2004, S. 146)

Abb. 4: **Annahmen zur Entwicklung des Wanderungssaldos über die Grenzen Deutschlands bis 2050:**

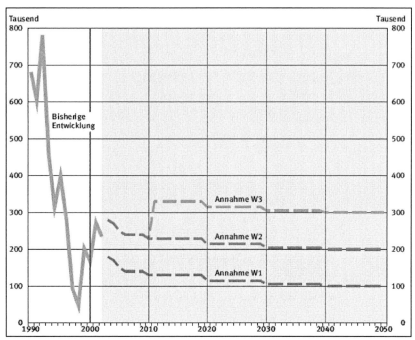

(Statistisches Bundesamt, 2003, S. 24)

Abb. 5: Lebenserwartung Neugeborener im früheren Bundesgebiet und in den neuen Ländern und Berlin-Ost:

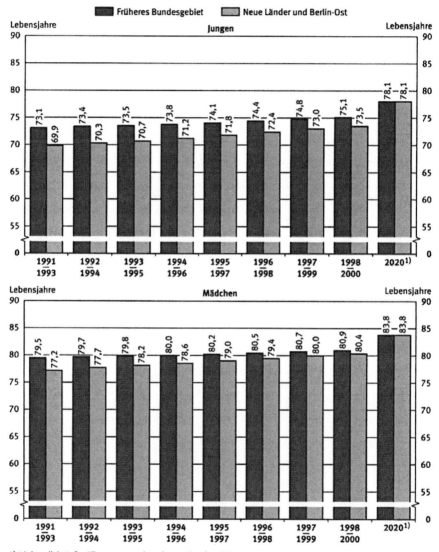

1) 10. koordinierte Bevölkerungsvorausberechnung, Annahme L2.

(Statistisches Bundesamt, 2003, S. 18)

Tab. 4: Altersaufbau der Bevölkerung Deutschlands:

	Insgesamt am Jahresende	Davon im Alter von ... bis ... Jahren			
		unter 20	20 - 59	60 und älter	
				Insgesamt	80 und älter
	Millionen	in %			
1950	69,3	30,4	55,0	14,6	1,0
1970	78,1	30,0	50,1	19,9	2,0
1990	79,8	21,7	57,9	20,4	3,8
2001	82,4	20,9	55,0	24,1	3,9
2010	83,1	18,7	55,7	25,6	5,0
2030	81,2	17,1	48,5	34,4	7,3
2050	75,1	16,1	47,2	36,7	12,1

1) Ab dem Jahr 2010 Schätzwerte der 10. koordinierten Bevölkerungsvorausberechnung (Variante 5 „mittlere" Bevölkerung: mittlere Wanderungsannahme W2 (jährlicher Saldo 200 000 Personen) und mittlere Lebenserwartungsannahme L2 (durchschnittliche Lebenserwartung 2050 bei 81 bzw. 87 Jahren).

(Statistisches Bundesamt, 2003, S. 31)

Abb. 6: Altenquotient im Jahr 2050 bei unterschiedlichen Wanderungsannahmen:

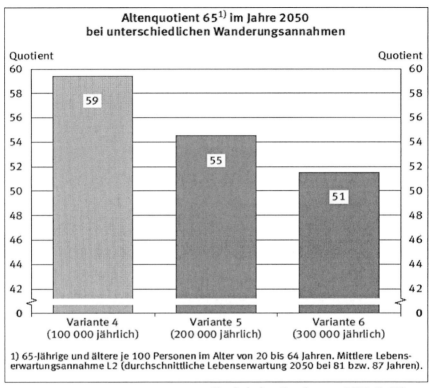

(Statistisches Bundesamt, 2003, S. 35)

Abb. 7: **Anzahl der Frauen im Alter von 15 bis 49 Jahren:**

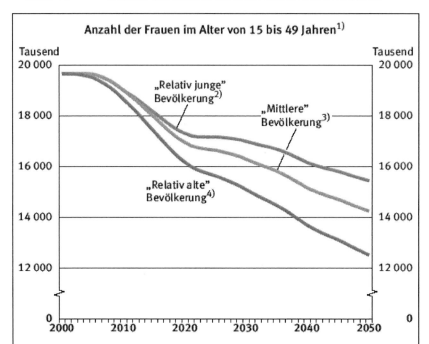

Anzahl der Frauen im Alter von 15 bis 49 Jahren[1]

1) Ab 2002 Schätzwerte der 10. koordinierten Bevölkerungsvorausberechnung. -
2) Variante 3: Hohe Wanderungsannahme W1 (jährlicher Saldo von mindestens
300 000) und niedrige Lebenserwartungsannahme L1 (durchschnittliche Lebenserwartung 2050 bei 79 bzw. 86 Jahren). - 3) Variante 5: Mittlere Wanderungsannahme W2 (jährlicher Saldo von mindestens 200 000) und mittlere Lebenserwartungsannahme L2 (durchschnittliche Lebenserwartung 2050 bei 81 bzw. 87 Jahren). - 4) Variante 7: Niedrige Wanderungsannahme W1 (jährlicher Saldo von mindestens 100 000) und hohe Lebenserwartungsannahme L1 (durchschnittliche
Lebenserwartung 2050 bei 83 bzw. 88 Jahren).

(Statistisches Bundesamt, 2003, S. 29)

Kinderwelten Anti-Bias-Curriculum: Kulturelle Unterschiede und Ähnlichkeiten kennen lernen

Fragebogen zur Familienfamiliengeschichte

Liebe Eltern!

Dieser Fragebogen gehört zu unserem Projekt „Familiengeschichte(n)".
Bitte füllen Sie den Bogen gemeinsam mit Ihrem Kind aus und geben ihn
bis _____ an unseren Kindergarten zurück. Vielen Dank! (In den
Antworten geht es um die Geschichte des Kindes).

1. Ich bin in _____ (Ort, Land)
geboren.

2. Meine Mutter heißt _____. Sie ist am _____
(Geburtsdatum) in _____(Ort, Land)
geboren.

3. Mein Vater heißt _____. Er ist am _____
(Geburtsdatum) in _____ (Ort, Land)
geboren.

4. Die Eltern meiner Mutter lebten oder leben in _____
(Ort, Land). Sie sind in _____ und
_____ geboren (Geburtsort und Land von
Großmutter und Großvater mütterlicherseits).

5. Die Eltern meines Vaters lebten oder leben in _____
(Ort, Land). Sie sind in _____ und
_____ geboren (Geburtsort und Land von
Großmutter und Großvater väterlicherseits).

6. Sind meine Großeltern oder Urgroßeltern aus einem anderen Land
gekommen? Wer genau? _____

Aus welchem Land? _____

7. Was ist das kulturelle/ethnische Erbe unserer Familie?

_____
_____

8. Hat unsere Familie spezielle Gebräuche oder Traditionen? Welche sind das?

_____

_____

_____

9. Erzähle eine Geschichte von jemandem aus unserer Verwandtschaft, der oder die wichtig ist für unsere Familie:

_____

_____

Förderung von Kindern mit unmittelbar bedeutsamem Migrationshintergrund:

Auf der Grundlage des beschriebenen Arbeitsprinzips interkulturellen Lernens sollten auch die in der jeweiligen Tageseinrichtung vertretenen (häufig diskriminierten) "Minderheitenkinder" (Kinder mit Behinderung, Kinder mit unmittelbar bedeutsamem Migrationshintergrund usw.) gezielt gefördert werden, um deren Chancen in der Gesellschaft zu verbessern.

Da im Qualitätsbereich `Interkulturelles Lernen´ eine bestmögliche Förderung von Kindern mit unmittelbar bedeutsamem Migrationshintergrund beschrieben wird, soll dies an dieser Stelle exemplarisch stichpunktartig geschehen.

Kinder mit unmittelbar bedeutsamem Migrationshintergrund werden im Alltag besonders unterstützt

- indem die Arbeit auf einem Konzept zur interkulturellen Zusammenarbeit basiert
- indem „eine Balance [hergestellt wird] zwischen dem Bestärken der Kinder in ihrer Familienkultur und -sprache und der Vermittlung der deutschen Kultur und Sprache" (Tietze; Viernickel, 2002, S. 213).
- indem sie in alle Aktivitäten gleichberechtigt einbezogen werden
- indem ihre Ausdrucksformen und Signale wahrgenommen werden und bekannt sind
- indem sie in ihrer Sprachentwicklung besonders unterstützt werden
- indem sie bestärkt, aber nicht gezwungen werden in der Muttersprache oder der deutschen Sprache zu sprechen
- indem ihnen bei Sprachschwierigkeiten Unterstützung angeboten wird
- indem bei allen Kindern Verständnis für die Situation dieser Kinder geschaffen wird (z. B. durch Gespräche über Ängste, das Gefühl, fremd zu sein)
- indem sich auf die Eingewöhnung eines solchen Kindes besonders vorbereitet wird
- indem deren Eltern in Aktivitäten einbezogen werden
- jedoch nicht indem einzelne dieser Kinder als "anders" herausgestellt werden